PILATES
ANATOMIA ILUSTRADA

Título original em inglês: *Pilates Anatomy – A Comprehensive Guide*
Copyright © 2009 Moseley Road Incorporated. Todos os direitos reservados.

Este livro contempla as regras do Novo Acordo Ortográfico da Língua Portuguesa.

Editor gestor: Walter Luiz Coutinho
Editora de traduções: Denise Yumi Chinem
Produção editorial: Priscila Pereira Mota Hidaka e Cláudia Lahr Tetzlaff
Assistência editorial: Jonathan Souza de Deus

Tradução: Maiza Ritomy Ide
      Pós-doutora em Reumatologia pela Universidade de Cantabria (Espanha)
      Doutora em Reumatologia pela Faculdade de Medicina da Universidade de São Paulo (FMUSP)
      Mestre em Ciências pela Faculdade de Medicina da Universidade de São Paulo (FMUSP)
      Graduada em Fisioterapia pela Universidade Estadual de Londrina (UEL)

Revisão de tradução e revisão de prova: Depto. editorial da Editora Manole
Diagramação: Ponto & Linha
Adaptação da capa para a edição brasileira: Depto. de arte da Editora Manole

Dados Internacionais de Catalogação na Publicação (CIP)
(Câmara Brasileira do Livro, SP, Brasil)

Ellsworth, Abby
    Pilates : anatomia ilustrada : guia completo
para praticantes de todos os níveis / Abigail
Ellsworth ; [tradução de Maiza Ritomy
Ide]. -- 1. ed. -- Barueri, SP : Manole, 2015.

    Título original: Pilates Anatomy - A Comprehensive Guide.
    ISBN 978-85-204-3966-1

    1. Exercícios físicos - Aspectos fisiológicos
2. Fisiologia do movimento 3. Fisiologia da
postura 4. Pilates - Método 5. Sistema
musculoesquelético - Anatomia I. Título

14-08122   CDD-613.71

    Índices para catálogo sistemático:
    1. Pilates : Exercícios físicos : Promoção da
      saúde   613.71

Edição brasileira – 2015

Direitos em língua portuguesa adquiridos pela:
Editora Manole Ltda.
Av. Ceci, 672 – Tamboré
06460-120 – Barueri – SP – Brasil
Tel.: (11) 4196-6000 – Fax: (11) 4196-6021
www.manole.com.br
info@manole.com.br

Impresso no Brasil
Printed in Brazil

Aviso
O conteúdo deste livro destina-se a promover informações úteis ao público geral. Todos os materiais, incluindo textos, gráficos e imagens, são de caráter apenas informativo e não substituem diagnósticos, recomendações ou tratamentos médicos para condições específicas. Todos os leitores devem procurar assistência médica profissional antes de iniciar qualquer programa de exercícios ou em caso de qualquer problema de saúde. A autora e os editores não recomendam ou endossam tratamentos, procedimentos, conselhos ou outras informações que possam ser encontradas neste livro e, especificamente, eximem-se de toda e qualquer responsabilidade por prejuízos ou danos que possam ocorrer por consequência direta ou indireta do uso de quaisquer informações contidas nesta publicação.

PILATES
ANATOMIA ILUSTRADA

Guia completo para praticantes de todos os níveis

Abigail Ellsworth

Manole

SUMÁRIO

INTRODUÇÃO

Desde que Joseph H. Pilates começou a desenvolver seu método de condicionamento corporal há quase um século, o pilates se tornou uma das modalidades mais populares para entrar em forma e adquirir força. Uma quantidade crescente de pessoas vem abraçando o pilates como uma maneira revigorante e divertida não somente para entrar em forma, mas também para descobrir detalhes que elas não sabiam sobre o corpo. O pilates oferece infinitas possibilidades, com seus diversos exercícios baseados em seis princípios. Ao folhear este livro, tenha em mente que os exercícios apresentados são apenas uma introdução ao pilates. Existem milhares de exercícios e infinitas variações disponíveis, facilitando a elaboração de um programa alinhado com as necessidades de cada indivíduo. No entanto, os seis princípios devem ser sempre preservados.

Pilates – anatomia ilustrada destaca alguns dos principais exercícios considerados a base de treinamento do pilates "clássico". Esses fundamentos lhe fornecerão uma base sobre a qual desenvolver, possibilitando que você leve a sua experiência de pilates tão longe quanto desejar.

Você pode usar este livro de várias maneiras. Como iniciante, provavelmente irá preferir se concentrar nos princípios básicos antes de passar para os exercícios mais difíceis. Se já possuir um bom conhecimento de pilates, encontrará uma série de exercícios para acrescentar à sua rotina. Fotografias passo a passo e ilustrações anatômicas o guiarão ao longo dos movimentos do exercício, com destaque para os músculos ativos em cada um deles. Há também dicas úteis que apontam o foco de cada exercício, para possibilitar que você se concentre em determinadas áreas do seu corpo. Os exercícios são agrupados em três seções – exercícios de nível iniciante, intermediário e avançado –, e cada uma delas apresenta exemplos de sequências de treino, de modo que você possa testar suas habilidades conforme progride.

O MÉTODO PILATES

PRINCÍPIOS

O método pilates tem como objetivo fortalecer o *core* (ou "centro de força"), alongar a coluna, melhorar o tônus muscular e aumentar a consciência corporal. Os seis princípios a seguir ajudarão a obter todos esses benefícios, mantendo a segurança.

❶ CONTROLE

Joseph Pilates originalmente chamou seu método de exercício de contrologia. O princípio do controle é o foco principal de seu sistema de exercícios. O controle é importante em tudo o que se faz, especialmente no pilates de solo. É crucial ao começar (iniciação) e finalizar cada movimento, porque os exercícios de solo são baseados na resistência oferecida pelo peso do corpo e pela gravidade.

Conforme você se exercita, o controle de seus músculos, posições e velocidade lhe confere resultados e o mantém seguro. Essa regra não se aplica apenas às rotinas propriamente ditas, mas também às transições entre os exercícios. Ao dominar o princípio do controle, você treinará seus músculos para manter uma condição de força e alongamento ao longo de todo o movimento, proporcionando definição muscular nesse processo. Ao focar no controle, você também incentiva seu corpo a recrutar os músculos menores "auxiliares", conhecidos como sinérgicos, que auxiliam os músculos do corpo a trabalharem em conjunto. Esses músculos sinérgicos são a chave para o desenvolvimento da coordenação e do equilíbrio durante o movimento.

❷ RESPIRAÇÃO

Alguma vez você já se pegou prendendo a respiração ao carregar algo pesado ou realizar uma tarefa difícil? Prender a respiração produz pressão sobre os músculos e a medula espinal, bem como alterações no ritmo cardíaco e na pressão arterial. A respiração profunda e consistente é essencial para um movimento fluido, para o equilíbrio muscular adequado e para a saúde em geral.

A maior parte das pessoas não sabe como respirar de modo correto e, consequentemente, utiliza cerca de metade da sua capacidade pulmonar disponível. A respiração superficial é decorrente de vários fatores externos, incluindo o estresse, o tabagismo e o sedentarismo. Aprender a respirar corretamente é fundamental para uma vida saudável e para o aumento da capacidade pulmonar.

A respiração controlada é um dos aspectos centrais do pilates, e é essa ênfase que o diferencia das outras modalidades de exercício. Se você acabou de começar e está confuso sobre quando respirar e que tipo de respiração usar, lembre-se desta regra geral: na dúvida, expire durante a parte mais difícil do exercício.

O pilates utiliza três tipos principais de respiração, cada um com sua finalidade e benefícios. À medida que você se familiarizar com os tipos de respiração e com os exercícios, seu corpo irá ajudá-lo a selecionar, naturalmente, o tipo que é apropriado para o movimento, então não se preocupe se no início você se sentir sobrecarregado ou inseguro quanto a qual tipo de respiração adotar.

A respiração com expansão lateral ("em sanfona")

Coloque as mãos em cada lado da sua caixa torácica. Respire fundo e deixe o espaço entre suas mãos se expandir para os lados (criando uma grande lacuna no meio). Então expire, possibilitando que a caixa torácica lentamente diminua de tamanho e permitindo que suas mãos se aproximem. Deixe que todo o ar saia dos pulmões e sinta os músculos abdominais se contraindo para ajudar nessa tarefa. Repita, praticando a expansão da caixa torácica para os lados. Essa expansão lateral mantém o tronco equilibrado e permite que as costelas se mantenham estáveis sobre a coluna vertebral.

Respiração percussiva

A respiração percussiva é suave e profunda na inspiração e percussiva (resistida) na expiração. Você deve ser capaz de sentir os músculos abdominais forçando o ar para fora dos pulmões na expiração. Pode-se fazer um som de *shh*, *shh* enquanto o ar sai. Essa respiração normalmente é utilizada para o exercício *The hundred*.

Respiração nivelada

Esta técnica possibilita respirar sem deslocar nenhuma parte do seu corpo. A inspiração e a expiração ocorrem sem muito movimento na caixa torácica ou no abdome.

PRINCÍPIOS

❸ FLUXO DE MOVIMENTO

A essência dos exercícios de pilates é possibilitar que o corpo se mova livremente com controle e precisão, incentivando a flexibilidade nas articulações e músculos e ensinando o corpo a se mover e alongar no mesmo ritmo. O movimento equilibrado, que flui suavemente, integra o sistema nervoso, os músculos e as articulações e treina o corpo a se movimentar de modo equilibrado e dinâmico.

❹ PRECISÃO

A precisão combina o controle com a consciência espacial do movimento. A iniciação e a finalização de cada movimento são fundamentais. Todos os exercícios exigem um posicionamento preciso do corpo durante todo o movimento. Esse princípio é um dos mais importantes em todo o método pilates – a precisão o ajudará a obter o máximo do seu treino e o protegerá de lesões.

❺ CENTRO

Levar o seu umbigo em direção à coluna é uma ótima maneira de ativar os músculos abdominais profundos. Esses músculos são a chave para encontrar o seu centro e ajudam a assegurar a estabilidade adequada a cada exercício. Quando o seu centro é ativado, você pode se mover de modo dinâmico durante cada movimento, com controle e precisão.

❻ ESTABILIDADE

A maior parte dos exercícios do pilates de solo foca na estabilidade do tronco. A estabilidade é mantida restringindo ou impedindo o movimento de uma parte do corpo enquanto a outra parte está se movendo. A fim de alcançar a estabilidade, é necessário ativar o seu *core* para impedir o movimento da coluna vertebral. Isso permite que os braços e as pernas se movam com precisão enquanto se cria uma superfície estável em que o restante do corpo pode se mover livremente.

NECESSIDADES BÁSICAS

Uma das melhores vantagens do pilates de solo é que você pode conseguir resultados espetaculares com pouco investimento em academias e equipamentos. Embora muitos exercícios de pilates possam ser feitos com bolas suíças, elásticos e outros acessórios especiais, tudo o que você realmente precisa para começar são roupas confortáveis, um *mat* para treino e um espaço para se alongar.

Mats

Proteger a coluna vertebral é fundamental, por isso certifique-se de trabalhar em um *mat* ou colchonete que seja grosso o suficiente para amortecer e apoiar as vértebras. Há *mats* de pilates disponíveis em todas as faixas de preço, mas você também pode se exercitar em um tapete grosso ou em um cobertor grande dobrado.

O que vestir

Roupas de ginástica confortáveis, mas justas, como *leggings*, calças de ioga, shorts e tops, são as mais indicadas, pois possibilitam que você veja seus músculos trabalhando e evitam restrições de movimento. Evite roupas com fivelas e outras partes rígidas – você não vai querer sentir o metal comprimindo suas costas enquanto faz um rolamento! Para as mulheres, um sutiã com fecho na frente ou top para prática esportiva com boa sustentação é muito mais confortável que um sutiã comum com fechos de gancho na parte de trás.

O pilates é tradicionalmente feito com os pés descalços, mas se você estiver se exercitando em uma academia ou clube, certifique-se de verificar a política do local: por razões de higiene, muitos locais proíbem os pés descalços. Existem no mercado diversos modelos de meias e sapatilhas de pilates com solas antiderrapantes, que evitarão que você escorregue sobre o *mat*.

NOÇÕES BÁSICAS DE PILATES

NOÇÕES BÁSICAS

Além dos seis princípios fundamentais do pilates, há vários fundamentos e posições corporais que você irá utilizar repetidamente. Dedique um tempo para aprender essa terminologia e assim evitar que uma frase ou postura que não lhe seja familiar comprometa parte de seu valioso tempo de treino. Assim como no caso dos princípios, é útil ter em mente esses fundamentos em todas as fases do seu aquecimento e nos exercícios. Garantir que sua coluna e abdome sejam corretamente ativados e que você comece e termine cada exercício na posição adequada irá definir o cenário para resultados bem-sucedidos.

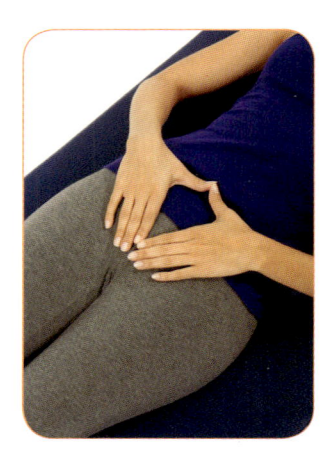

Coluna neutra

"Manter a coluna neutra" significa manter as curvaturas naturais da coluna vertebral em decúbito dorsal. Pode-se colocar a pelve em posição neutra dispondo as mãos em uma posição de triângulo sobre o osso púbico e os ossos do quadril.

Extensão

Refere-se ao alongamento de partes do corpo para criar o máximo de espaço e o maior comprimento muscular possível.

Decúbito dorsal

O decúbito dorsal refere-se à posição deitada de costas.

Decúbito ventral

O decúbito ventral refere-se à posição deitada de bruços.

Coluna em C

O "C" descreve a forma das costas ou da coluna vertebral depois de encolher o abdome. Essa posição oferece um alongamento para os músculos que envolvem a coluna.

Encolher os abdominais

Encolher os abdominais funciona como puxar firmemente o cordão de uma calça de moletom. A ação de encolher aciona os quatro músculos abdominais, que trabalham para comprimir a parede abdominal e auxiliar no suporte das costas.

NOÇÕES BÁSICAS

Ponto de equilíbrio

O ponto de equilíbrio é o ponto em que o corpo pode se equilibrar sobre a pelve, enquanto os pés estão levantados e os braços estão sobre as pernas ou suspensos no ar.

Articular

"Articular" significa mover um segmento de cada vez e isolar o movimento. O termo se refere mais frequentemente à coluna vertebral e às vértebras com um movimento para cima ou para baixo.

Enrolar a coluna

Enrolar a coluna consiste em inclinar o tronco para a frente ou para trás (a partir dos ombros ou dos quadris) articulando uma vértebra de cada vez, até que todas as vértebras estejam empilhadas uma sobre a outra.

Posição paralela *versus* posição em V

Na posição paralela, os pés estão alinhados lado a lado. Na posição em V, os calcanhares se tocam enquanto os dedos de um pé se afastam dos do outro pé. Os quadris realizam rotação lateral para afastar as pontas dos pés.

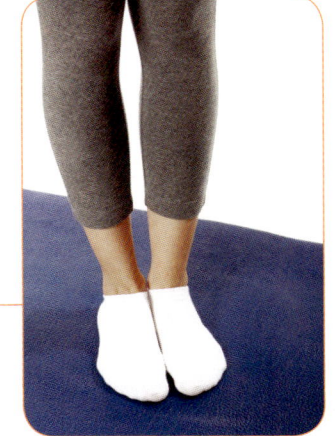
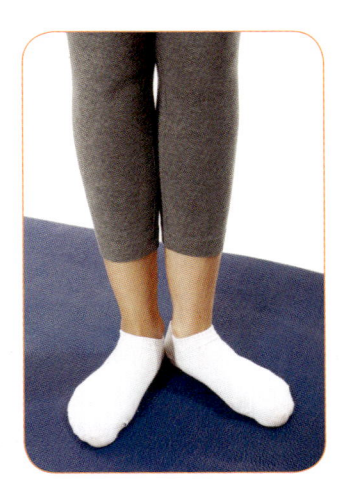

Posição de mesa

Em decúbito dorsal, os membros inferiores são levantados, flexionando os quadris e joelhos em um ângulo de 90 graus, fazendo com que as pernas pareçam estar descansando sobre uma mesa. As pernas devem ser mantidas paralelas ao solo e os pés devem estar fletidos. Os dedos dos pés devem estar apontando para cima, suspensos no ar.

Oposição

No pilates, a "oposição" se refere à capacidade de criar resistência no próprio corpo – seja empurrando contra si mesmo ou resistindo a um movimento enquanto se realiza um exercício.

ALONGAMENTOS

A preparação adequada é uma das coisas mais importantes que você pode fazer para garantir um treino seguro, eficaz e satisfatório. Para qualquer exercício, o aquecimento e o alongamento dos músculos são fundamentais – no pilates, o aquecimento apropriado estabelece a diferença entre um treino excelente e um mediano. Como os exercícios e os movimentos deste livro exigem a ativação de músculos bastante específicos, muitas vezes em rápida sucessão e por longos períodos, é desejável que todo o seu corpo esteja tão pronto e ágil quanto possível. Começar com estes alongamentos é uma maneira fantástica de aprender e reforçar os princípios fundamentais do pilates: controle, respiração, fluxo de movimento, precisão, centro e estabilidade. Ao trabalhar cada músculo e movimento durante o aquecimento, tente praticar o mesmo foco, conhecimento e economia de movimentos que manterá ao longo dos exercícios deste livro. Em pouco tempo, você começará a descobrir paralelos e conexões interessantes entre os exercícios e seus músculos – e estará no caminho para um corpo mais condicionado e flexível.

ALONGAMENTO DOS POSTERIORES DA COXA

ALONGAMENTOS

Este alongamento simples, mas eficaz, é importante para preparar os músculos dos membros inferiores para muitos dos exercícios deste livro. Tome cuidado para não forçar demais os músculos bíceps femoral, semitendíneo e semimembranáceo, mais conhecidos como "posteriores da coxa". O alongamento lento e consciente é melhor.

FAÇA CORRETAMENTE

PROCURE
- Manter a parte inferior das costas no solo.

EVITE
- Puxar demais a perna estendida a ponto de fazer com que a outra perna se eleve do *mat*.

❶ Em decúbito dorsal, levante uma perna apoiando a parte de trás do joelho com as mãos.

❷ Estenda lentamente o joelho até sentir o alongamento da parte posterior da coxa.

Latíssimo do dorso

Glúteo médio*

Glúteo máximo

Vasto lateral

Semitendíneo

Bíceps femoral

Semimembranáceo

NOTA
O texto em negrito indica músculos ativos
O texto em cinza indica músculos estabilizadores
* indica músculos profundos

❸ Mantenha a posição por 15 segundos e então repita a sequência três vezes em cada perna.

FOCO MUSCULAR

- Bíceps femoral
- Semitendíneo
- Semimembranáceo
- Glúteo máximo

ALONGAMENTO DO TRATO ILIOTIBIAL

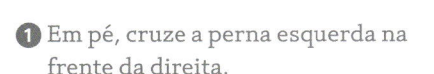

FOCO MUSCULAR

- Trato iliotibial
- Bíceps femoral
- Glúteo máximo
- Vasto lateral

1 Em pé, cruze a perna esquerda na frente da direita.

2 Incline-se para a frente, mantendo ambos os joelhos estendidos e levando suas mãos em direção ao solo.

3 Mantenha a posição por 15 segundos e repita a sequência três vezes em cada perna.

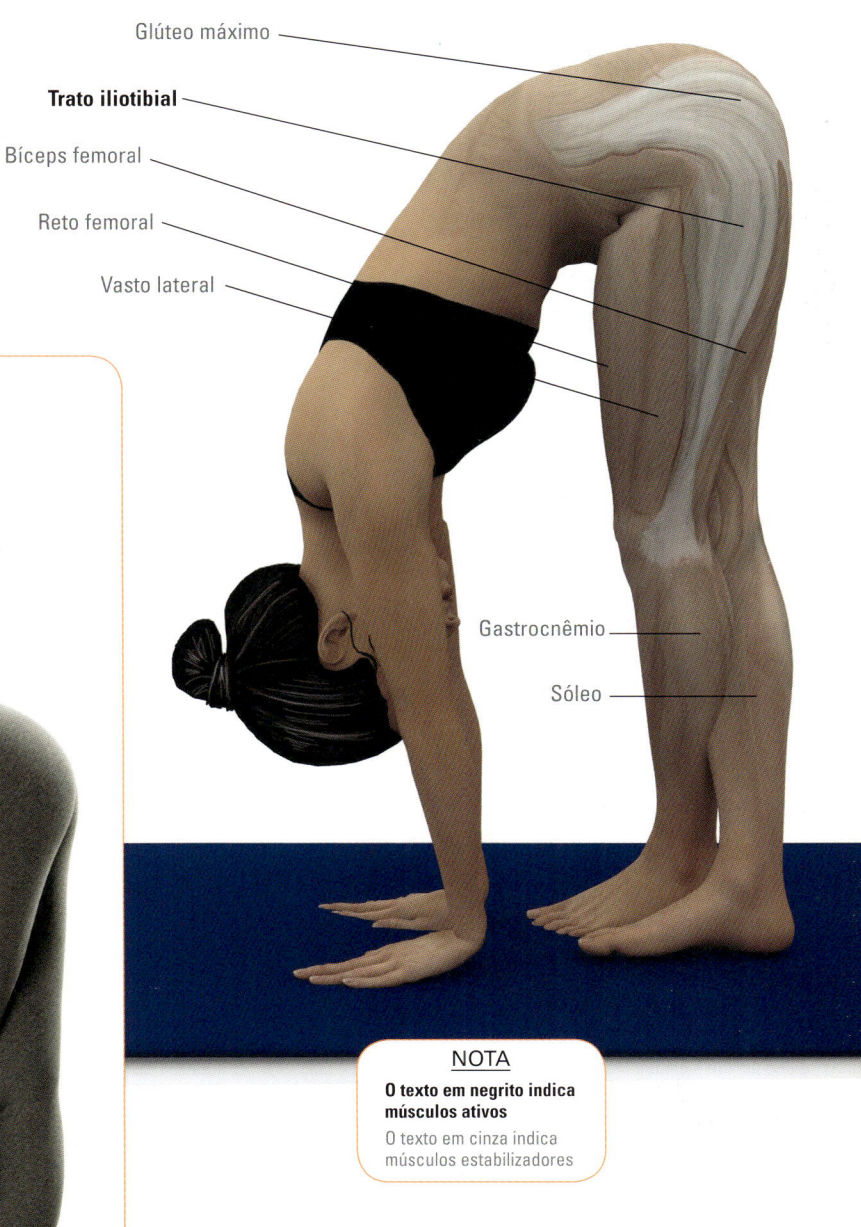

Glúteo máximo

Trato iliotibial

Bíceps femoral

Reto femoral

Vasto lateral

Gastrocnêmio

Sóleo

NOTA
O texto em negrito indica músculos ativos

O texto em cinza indica músculos estabilizadores

O trato iliotibial, ou TIT, é uma espessa faixa de tecido conjuntivo que cruza a articulação do quadril e desce até se inserir na cápsula articular do joelho, tíbia e tendão do músculo bíceps femoral. O trato iliotibial estabiliza o joelho e abduz o quadril. Utilize este alongamento antes de tentar qualquer posição ou exercício com a parte inferior do corpo.

ALONGAMENTO DOS FLEXORES DO QUADRIL

ALONGAMENTOS

Melhorar a flexibilidade do quadril é a pedra angular de qualquer programa de pilates. Realizar este alongamento antes de quaisquer outros exercícios garantirá essa flexibilidade.

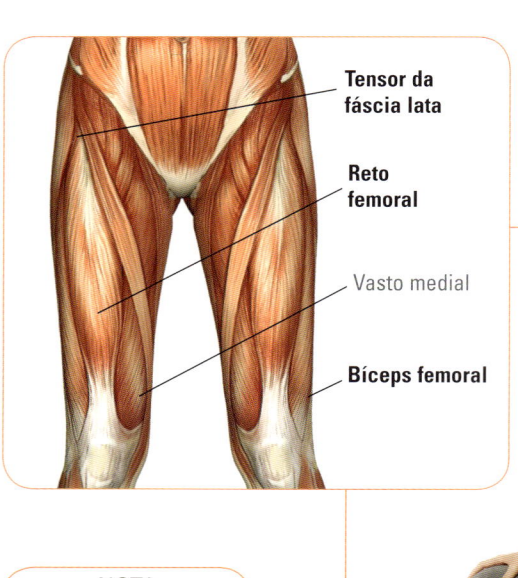

Tensor da fáscia lata

Reto femoral

Vasto medial

Bíceps femoral

NOTA
O texto em negrito indica músculos ativos

O texto em cinza indica músculos estabilizadores

FAÇA CORRETAMENTE

PROCURE
- Manter a cabeça para a frente e as costas em linha reta.

EVITE
- Empurrar o joelho da frente além do tornozelo. O ângulo entre a panturrilha e o *mat* não deve exceder 90 graus.

1 Ajoelhado, leve uma perna para a frente, com o pé na frente do joelho oposto.

2 Incline-se lentamente para a frente e empurre a pelve para baixo até sentir um alongamento na parte da frente do quadril. Mantenha a posição por 15 segundos. Repita a sequência três vezes em cada perna.

FOCO MUSCULAR

- Reto femoral
- Vasto medial
- Bíceps femoral
- Tensor da fáscia lata

ALONGAMENTO DO QUADRÍCEPS FEMORAL

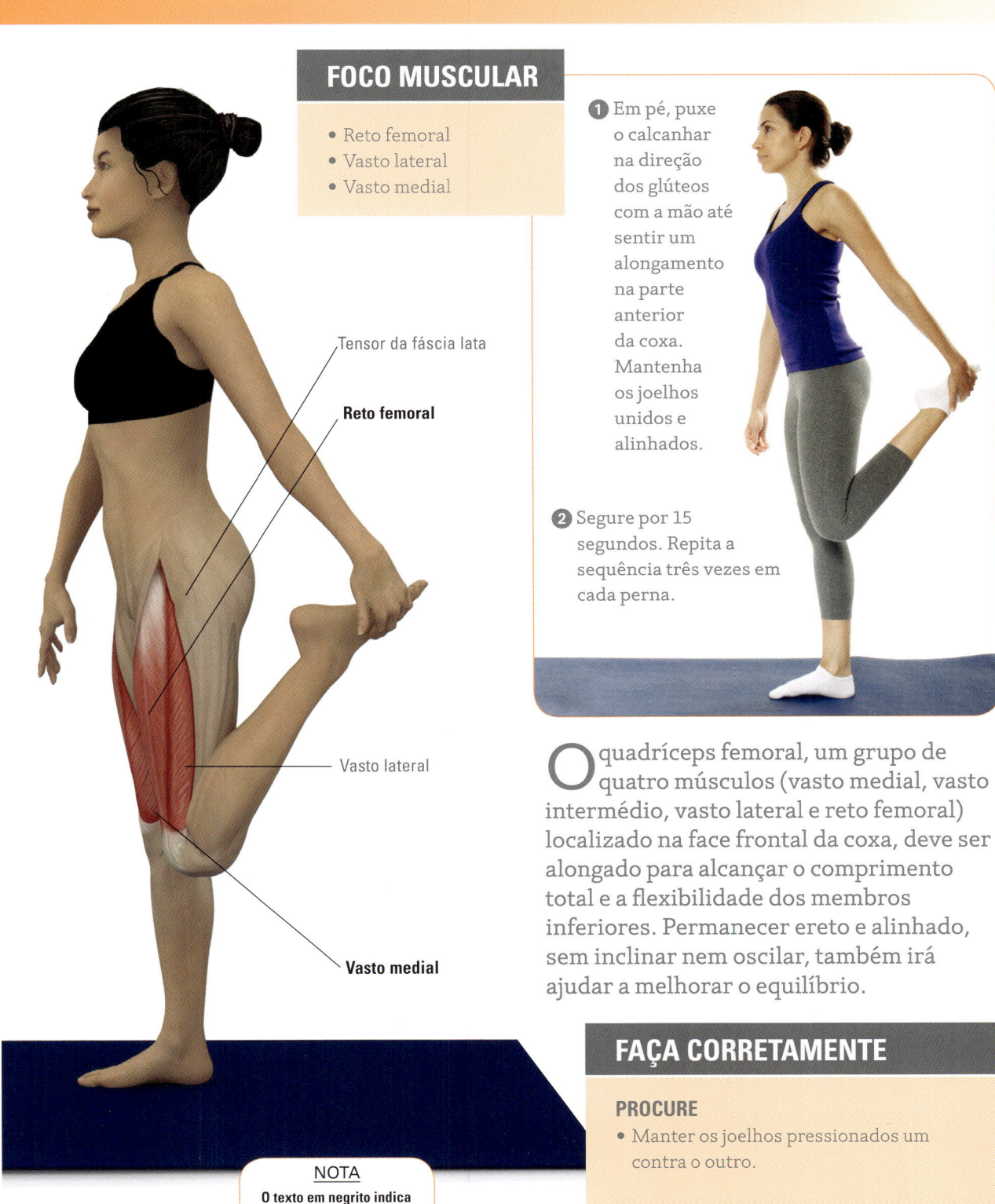

FOCO MUSCULAR

- Reto femoral
- Vasto lateral
- Vasto medial

Tensor da fáscia lata

Reto femoral

Vasto lateral

Vasto medial

1 Em pé, puxe o calcanhar na direção dos glúteos com a mão até sentir um alongamento na parte anterior da coxa. Mantenha os joelhos unidos e alinhados.

2 Segure por 15 segundos. Repita a sequência três vezes em cada perna.

O quadríceps femoral, um grupo de quatro músculos (vasto medial, vasto intermédio, vasto lateral e reto femoral) localizado na face frontal da coxa, deve ser alongado para alcançar o comprimento total e a flexibilidade dos membros inferiores. Permanecer ereto e alinhado, sem inclinar nem oscilar, também irá ajudar a melhorar o equilíbrio.

FAÇA CORRETAMENTE

PROCURE
- Manter os joelhos pressionados um contra o outro.

EVITE
- Inclinar o tórax para a frente.

NOTA
O texto em negrito indica músculos ativos
O texto em cinza indica músculos estabilizadores

ALONGAMENTO DO CORREDOR

ALONGAMENTOS

Os corredores e atletas realizam diariamente este alongamento, que é útil também para o pilates. Para a flexibilidade de todo o membro inferior, não se esqueça deste exercício.

FOCO MUSCULAR

• Gastrocnêmio   • Sóleo

❶ Fique em pé com as costas retas, com uma perna na frente da outra.

❷ Leve a perna da frente anteriormente e flexione o joelho desta perna.

❸ Mantendo ambos os calcanhares no solo, incline-se para a frente até sentir o alongamento da panturrilha da perna de trás. Mantenha a posição por 15 segundos. Repita a sequência três vezes em cada perna.

Plantar

Gastrocnêmio

Sóleo

Flexores do hálux*

NOTA

O texto em negrito indica músculos ativos

O texto em cinza indica músculos estabilizadores

* indica músculos profundos

ALONGAMENTO DO SÓLEO

Este alongamento da panturrilha consegue focar especificamente no músculo sóleo com uma flexão do joelho; aumenta a flexibilidade e pode melhorar também a velocidade de corrida.

1 Em pé, com um pé a cerca de um passo de distância atrás do outro, flexione o joelho de trás.

2 Leve o outro pé para a frente e flexione o joelho.

3 Mantendo ambos os calcanhares no solo, descarregue o peso na perna da frente flexionando o joelho de trás. Quando sentir o alongamento, mantenha a posição por 15 segundos. Repita o alongamento três vezes. Alterne as pernas e repita a sequência três vezes.

FAÇA CORRETAMENTE

PROCURE
• Manter seu tórax ereto conforme descarrega o peso para alongar.

EVITE
• Permitir que seus tornozelos saiam do solo.

FOCO MUSCULAR

• Sóleo
• Gastrocnêmio

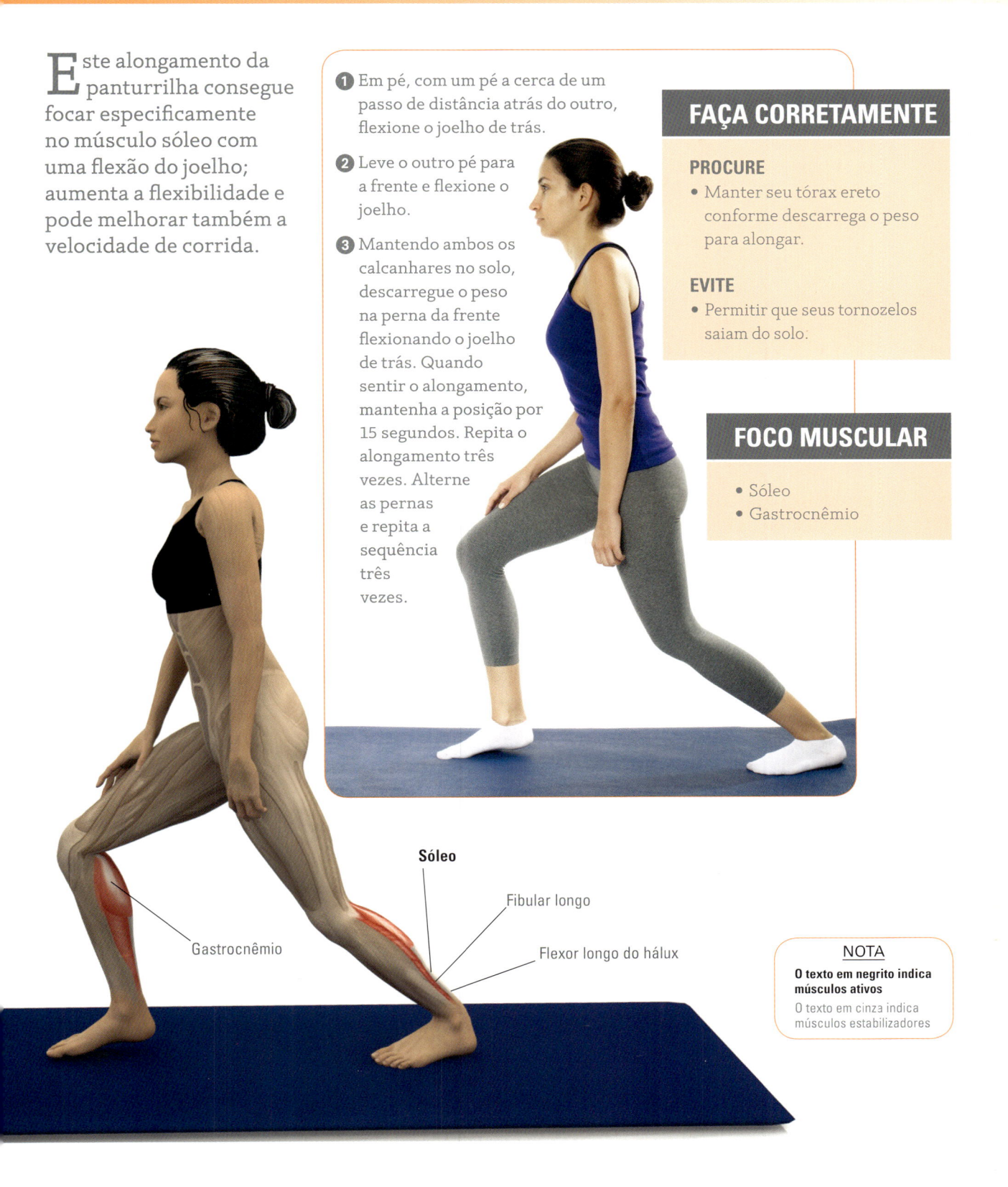

Sóleo

Fibular longo

Flexor longo do hálux

Gastrocnêmio

NOTA
O texto em negrito indica músculos ativos
O texto em cinza indica músculos estabilizadores

ALONGAMENTOS

ALONGAMENTO DO PIRIFORME

O piriforme é um pequeno músculo interposto entre os glúteos. Deitado no *mat* e distribuindo seu peso de maneira uniforme, você pode obter um alongamento eficaz e controlado.

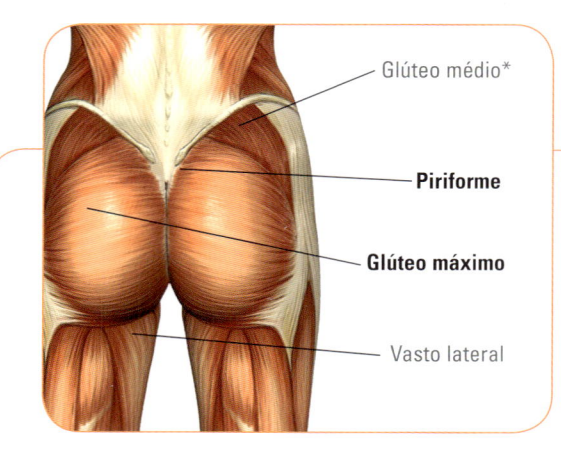

Glúteo médio*

Piriforme

Glúteo máximo

Vasto lateral

FAÇA CORRETAMENTE

PROCURE
- Manter os quadris relaxados, de modo que você possa intensificar ainda mais o alongamento.
- Puxar lentamente o joelho em direção ao tórax.

NOTA

O texto em negrito indica músculos ativos

O texto em cinza indica músculos estabilizadores

* indica músculos profundos

❶ Em decúbito dorsal, flexione os joelhos.

❷ Leve um tornozelo sobre o joelho oposto, apoiando-o em sua coxa. Coloque as mãos em torno da coxa da perna que se encontra no solo.

❸ Com cuidado, puxe a coxa em direção ao tórax até sentir o alongamento nos glúteos. Mantenha a posição por 15 segundos e troque de lado. Repita a sequência na perna oposta.

FOCO MUSCULAR

- Piriforme
- Glúteo máximo
- Glúteo médio

ALONGAMENTO DA REGIÃO LOMBAR DA COLUNA VERTEBRAL

1 Posicione-se em decúbito dorsal com os pés e os joelhos unidos; flexione então os joelhos.

NOTA

O texto em negrito indica músculos ativos

O texto em cinza indica músculos estabilizadores

* indica músculos profundos

2 Balance lentamente os joelhos de um lado para o outro até sentir um alongamento na parte inferior das costas e nos quadris, ou até que seus joelhos encostem no solo. Repita dez vezes.

FOCO MUSCULAR

- Quadrado do lombo
- Oblíquo externo
- Eretor da espinha

Oblíquo externo

Quadrado do lombo

Glúteo médio*

Eretor da espinha

Use este alongamento para liberar suas costas e aumentar a flexibilidade em uma área difícil de alcançar de outra maneira. Se você não conseguir encostar seus joelhos no solo, tente levá-los o mais próximo possível.

ALONGAMENTO DA COLUNA VERTEBRAL I

ALONGAMENTOS

Este alongamento aumenta o comprimento e a flexibilidade da coluna, um objetivo importante em quase todos os exercícios deste livro. Certifique-se de que os ombros permaneçam no *mat* durante todo o alongamento.

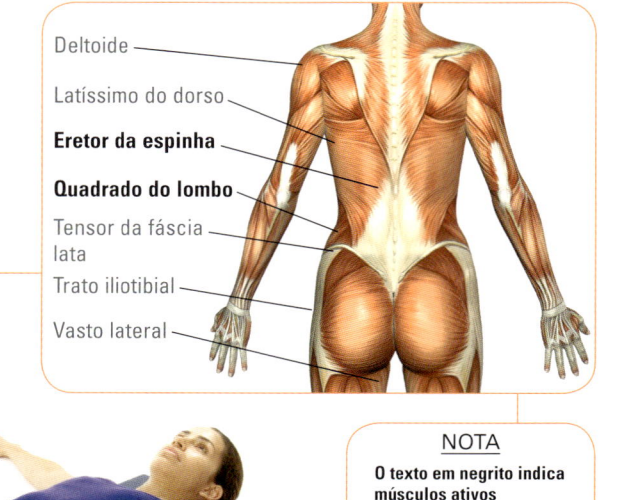

Deltoide
Latíssimo do dorso
Eretor da espinha
Quadrado do lombo
Tensor da fáscia lata
Trato iliotibial
Vasto lateral

NOTA

O texto em negrito indica músculos ativos

O texto em cinza indica músculos estabilizadores

❶ Em decúbito dorsal com uma perna estendida e a outra fletida, coloque o pé da perna fletida sobre a região tibial da perna estendida.

FOCO MUSCULAR

- Quadrado do lombo
- Eretor da espinha
- Vasto lateral
- Trato iliotibial
- Tensor da fáscia lata

FAÇA CORRETAMENTE

PROCURE
- Relaxar a parte inferior das costas.

EVITE
- Que seus ombros saiam do *mat*.

❷ Mantendo ambos os ombros apoiados no solo, cruze lentamente o corpo com a perna fletida até sentir o alongamento na região entre a parte inferior das costas e os quadris. Alongue apenas até o ponto em que seus ombros se mantenham no solo.

❸ Permaneça na posição por 15 segundos e repita a sequência três vezes de cada lado.

ALONGAMENTO DO TRÍCEPS BRAQUIAL

❶ Em pé, eleve um braço e flexione-o em direção à cabeça.

❷ Mantendo os ombros relaxados, puxe delicadamente com a mão oposta o cotovelo que está elevado.

❸ Continue puxando o cotovelo até sentir o alongamento na região inferior do ombro. Segure por 15 segundos e repita três vezes em cada braço.

Este alongamento simples é a chave para qualquer exercício que tem como alvo a parte superior do corpo ou para posições que dependem de força nos braços e estabilidade, como a posição de prancha.

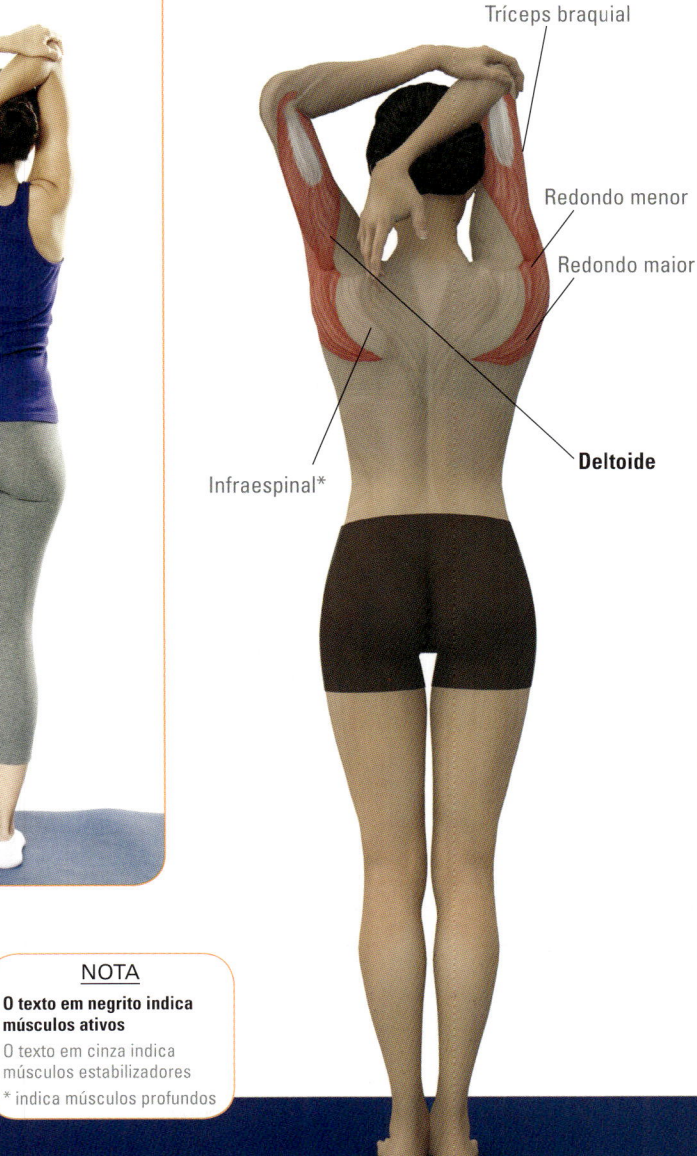

Tríceps braquial

Redondo menor

Redondo maior

Deltoide

Infraespinal*

FOCO MUSCULAR

- Deltoide
- Infraespinal
- Redondo maior
- Redondo menor

NOTA

O texto em negrito indica músculos ativos

O texto em cinza indica músculos estabilizadores

* indica músculos profundos

ALONGAMENTO DO LATÍSSIMO DO DORSO

ALONGAMENTOS

1 Entrelace os dedos das mãos acima da cabeça (palmas das mãos voltadas para fora).

3 Lentamente, faça um círculo completo. Repita a sequência três vezes em cada sentido.

2 Leve as mãos à frente fazendo um círculo em torno do tronco.

FOCO MUSCULAR

- Latíssimo do dorso
- Oblíquo interno

O latíssimo do dorso é um músculo largo que se estende desde a parte de trás do ombro até o centro da coluna vertebral. Muitas vezes as pessoas se esquecem de alongá-lo, mas isso é importante para aliviar a tensão frequentemente causada pela má postura.

FAÇA CORRETAMENTE

PROCURE
- Alongar os braços e os ombros tanto quanto possível.

EVITE
- Inclinar-se para trás ao alcançar o topo do círculo.

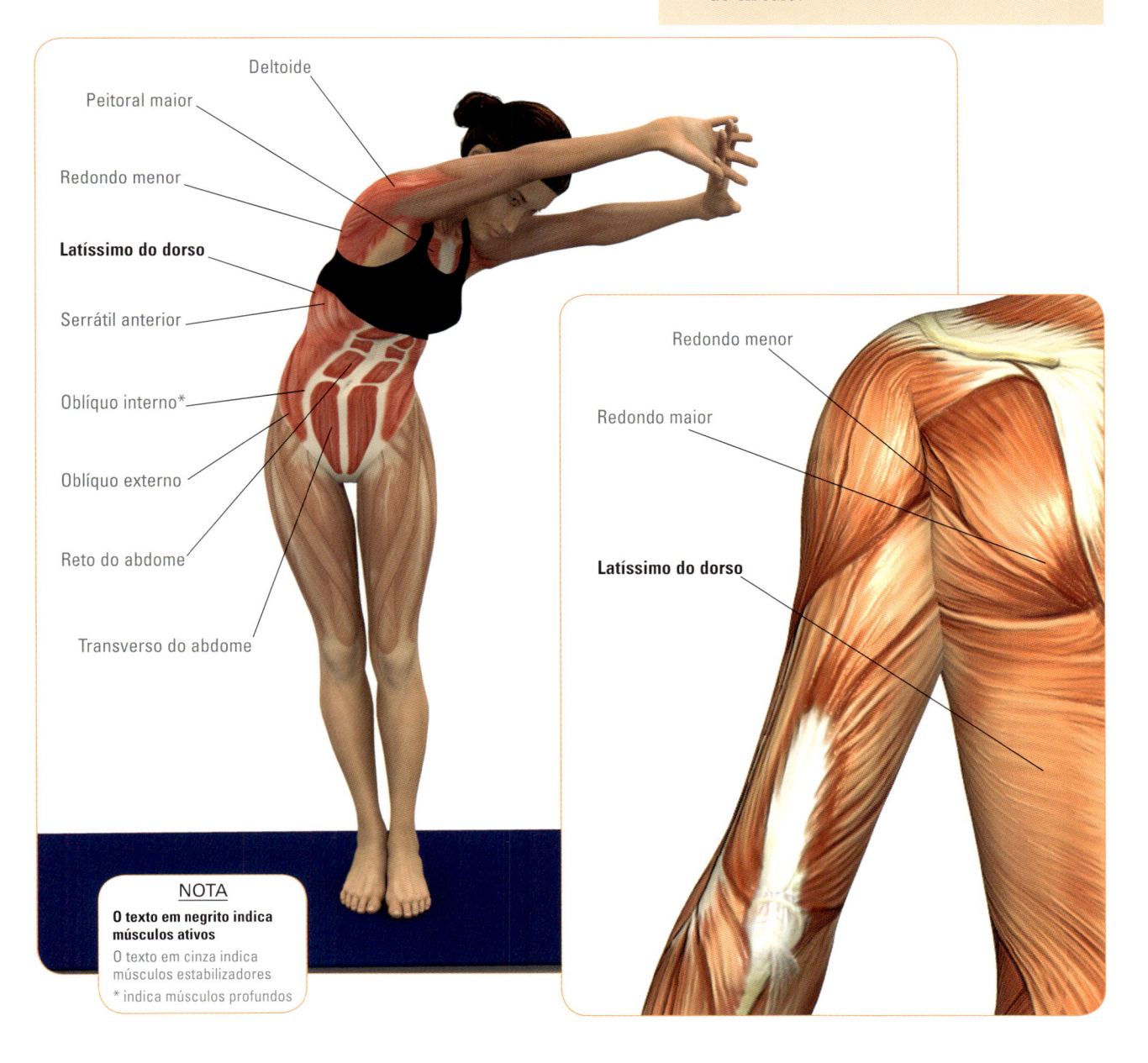

Deltoide

Peitoral maior

Redondo menor

Latíssimo do dorso

Serrátil anterior

Oblíquo interno*

Oblíquo externo

Reto do abdome

Transverso do abdome

Redondo menor

Redondo maior

Latíssimo do dorso

NOTA
O texto em negrito indica músculos ativos

O texto em cinza indica músculos estabilizadores

* indica músculos profundos

ALONGAMENTO DOS FLEXORES DO PESCOÇO

ALONGAMENTOS

O pescoço é tão importante quanto a coluna vertebral em muitos exercícios de pilates. O alongamento dos flexores do pescoço ajudará a manter o pescoço alongado e flexível, protegendo contra a dor e eliminando tensões desnecessárias.

FAÇA CORRETAMENTE

PROCURE
• Relaxar os músculos do ombro.

EVITE
• Puxar a cabeça com muita força – este é um alongamento suave.

❶ Coloque uma mão sobre a cabeça, puxando lentamente o queixo em direção ao tórax até sentir o alongamento na parte de trás do pescoço.

❷ Segure por 15 segundos e repita três vezes.

Esplênio do pescoço

Trapézio

FOCO MUSCULAR

• Esplênio do pescoço
• Trapézio

NOTA

O texto em negrito indica músculos ativos

O texto em cinza indica músculos estabilizadores

ALONGAMENTO DA REGIÃO LATERAL DA COLUNA VERTEBRAL

FOCO MUSCULAR

- Escalenos
- Esternocleidomastóideo
- Trapézio

Completando a série de alongamentos da região cervical, o objetivo deste alongamento é incentivar a flexibilidade completa ao longo da circunferência do pescoço. Mantenha um braço atrás das costas para conservar o equilíbrio e focar no pescoço.

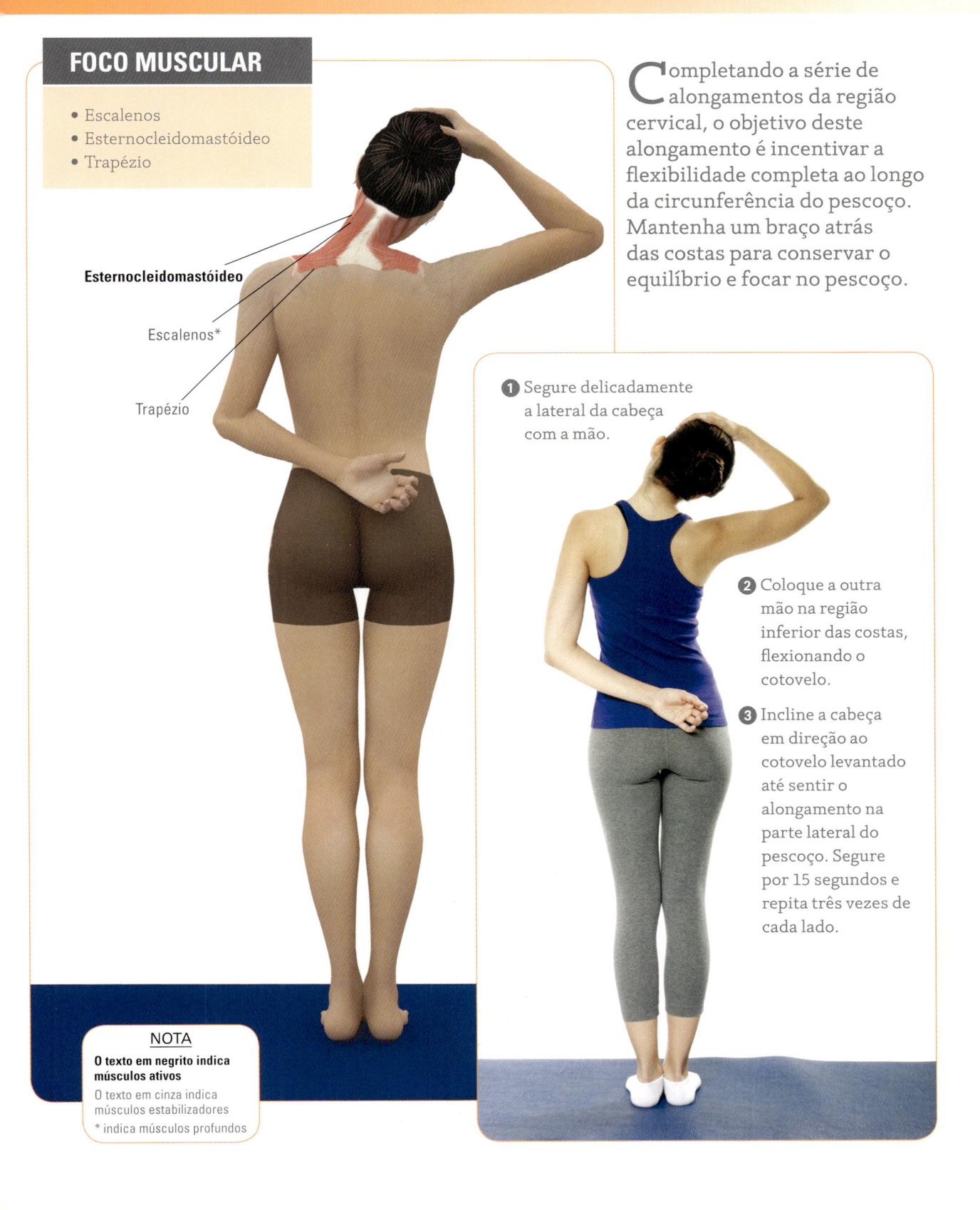

Esternocleidomastóideo

Escalenos*

Trapézio

❶ Segure delicadamente a lateral da cabeça com a mão.

❷ Coloque a outra mão na região inferior das costas, flexionando o cotovelo.

❸ Incline a cabeça em direção ao cotovelo levantado até sentir o alongamento na parte lateral do pescoço. Segure por 15 segundos e repita três vezes de cada lado.

NOTA

O texto em negrito indica músculos ativos

O texto em cinza indica músculos estabilizadores

* indica músculos profundos

EXERCÍCIOS

Os exercícios deste livro são divididos em três níveis de habilidade: iniciante, intermediário e avançado. Se você está começando a explorar o método pilates, passe para os exercícios de nível iniciante depois que já tiver dominado o aquecimento e o resfriamento. Aqueles com treinamento prévio em pilates podem se sentir confortáveis com as seções intermediária ou avançada – muito daquilo que você já domina será uma boa base para esses exercícios mais desafiadores.

Preste atenção às dicas e sugestões específicas que acompanham cada exercício. É válido se familiarizar com essas informações antes de tentar qualquer um dos exercícios. Assim, você saberá exatamente o que procurar fazer, o que evitar – se sentir dor ou sofrer lesão – e quando evitar absolutamente um exercício.

A progressão dessas seções serve para reforçar a consistente estrutura em camadas do método pilates: você iniciará isolando e exercitando músculos específicos na seção iniciante, e ativará vários grupos de músculos ao mesmo tempo, conforme os exercícios se tornarem mais desafiadores. Ainda assim, o objetivo de todos esses exercícios continua sendo o mesmo: um melhor controle do corpo por meio da flexibilidade, da extensão muscular e da repetição.

HALF CURL (ABDOMINAL CURTO)

INICIANTE

O *Half curl* é um exercício abdominal simples que fortalece os músculos do *core*, protegendo as costas enquanto aumenta o tônus muscular.

FOCO MUSCULAR

- Reto do abdome
- Latíssimo do dorso
- Peitoral maior
- Esterno-hióideo
- Esternocleidomastóideo
- Deltoide
- Bíceps braquial
- Tríceps braquial

❶ Em decúbito dorsal, flexione os joelhos e posicione os braços estendidos ao lado do corpo. Pressione uma perna contra a outra e mantenha os pés apoiados no solo.

❷ Contraindo os músculos abdominais superiores, retire as costas e os ombros do *mat*, enrolando-os. Mantenha os braços paralelos ao solo e a parte lombar da coluna vertebral apoiada no *mat*.

❸ Segure por 2 segundos e repita dez vezes.

FAÇA CORRETAMENTE

PROCURE
- Manter os braços paralelos ao solo.

EVITE
- Flexionar demais o pescoço.
- Deixar que os pés saiam do solo.

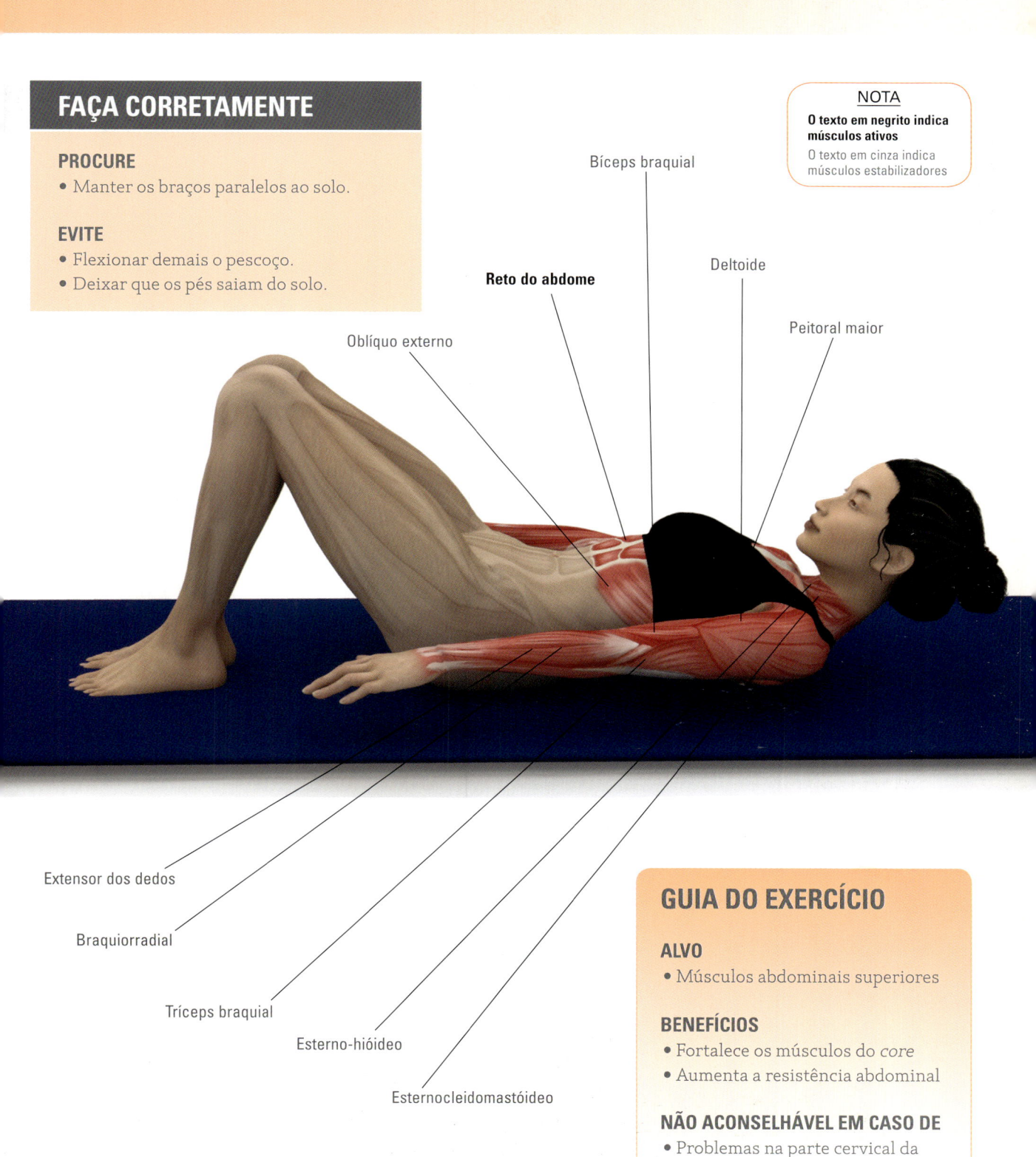

NOTA

O texto em negrito indica músculos ativos

O texto em cinza indica músculos estabilizadores

Bíceps braquial

Deltoide

Peitoral maior

Reto do abdome

Oblíquo externo

Extensor dos dedos

Braquiorradial

Tríceps braquial

Esterno-hióideo

Esternocleidomastóideo

GUIA DO EXERCÍCIO

ALVO
- Músculos abdominais superiores

BENEFÍCIOS
- Fortalece os músculos do *core*
- Aumenta a resistência abdominal

NÃO ACONSELHÁVEL EM CASO DE
- Problemas na parte cervical da coluna vertebral

TINY STEPS (PEQUENOS PASSOS)

INICIANTE

Muitas vezes, aqueles que desejam entrar em forma colocam tanta ênfase em trabalhar os músculos abdominais superiores durante o exercício que tendem a ignorar os músculos abdominais inferiores, mais difíceis de exercitar. O *Tiny steps* ativa esses músculos adicionando o movimento das pernas ao exercício, o que ajuda a desenvolver a estabilidade, protege a parte lombar da coluna vertebral e fortalece todos os músculos que circundam os quadris.

❶ Em decúbito dorsal, flexione os joelhos com os pés apoiados no solo.

❷ Coloque as mãos sobre os ossos do quadril para sentir os quadris se movendo de um lado para o outro.

❸ Expire e então levante o joelho direito em direção ao tórax enquanto puxa o umbigo para dentro, em direção à coluna vertebral. Inspire e mantenha a posição.

❹ Expire novamente e continue puxando o umbigo para dentro. Abaixe a perna direita sobre o *mat*, enquanto controla quaisquer movimentos nos quadris.

GUIA DO EXERCÍCIO

ALVO
• Músculos abdominais inferiores

BENEFÍCIOS
• Desenvolve a estabilidade dos músculos abdominais inferiores, protegendo os quadris e a parte lombar da coluna vertebral

NÃO ACONSELHÁVEL EM CASO DE
• Lombalgia aguda que irradia para as pernas

FOCO MUSCULAR

• Reto do abdome
• Reto femoral
• Glúteo máximo
• Tensor da fáscia lata
• Transverso do abdome
• Oblíquo interno

5 Alterne as pernas para realizar o movimento completo. Repita seis a oito vezes.

FAÇA CORRETAMENTE

PROCURE
- Manter o umbigo tracionado para dentro em direção à coluna vertebral durante todo o exercício.
- Realizar um movimento controlado com o auxílio da respiração adequada.

EVITE
- Deixar que os quadris se movam para a frente e para trás enquanto as pernas são movimentadas.

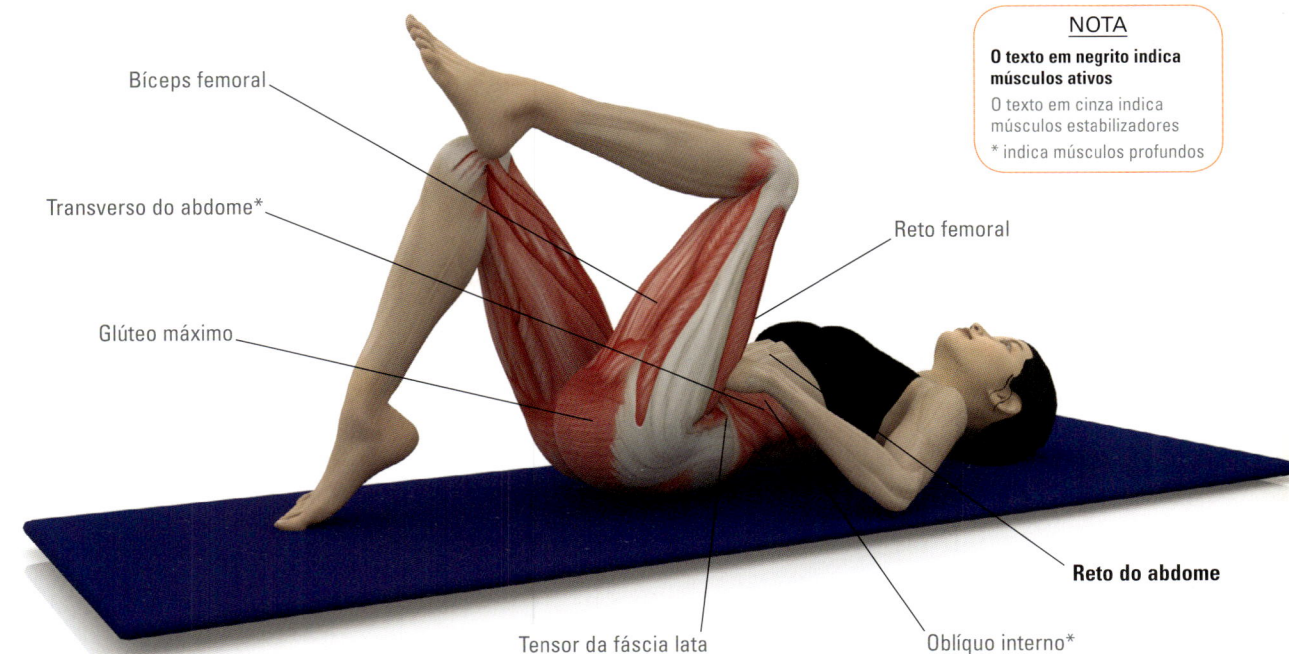

NOTA
O texto em negrito indica músculos ativos
O texto em cinza indica músculos estabilizadores
* indica músculos profundos

Bíceps femoral

Transverso do abdome*

Glúteo máximo

Reto femoral

Reto do abdome

Tensor da fáscia lata

Oblíquo interno*

SIDE LEG LIFT PREP (ELEVAÇÃO LATERAL DE PERNA)

INICIANTE

Outro exercício para a estabilidade do *core*, o *Side leg lift prep* ajuda a tonificar e fortalecer os músculos da perna e abdominais. É um excelente exercício introdutório, que serve de base para os movimentos mais avançados de pilates.

FAÇA CORRETAMENTE

PROCURE
- Pressionar uma perna contra a outra e contrair os músculos abdominais ao longo do movimento.
- Levar a parte superior do esterno e a cabeça para a frente.

EVITE
- Deixar que a parte lombar da coluna vertebral saia do solo; use os músculos abdominais para estabilizar o *core* durante o movimento das pernas.

❶ Posicione-se em decúbito lateral esquerdo sobre a borda posterior do *mat*. Sustente a cabeça com a mão esquerda, apoiando-se no cotovelo. Coloque a mão direita na frente do tronco, mantendo o tórax elevado e o pescoço alongado.

GUIA DO EXERCÍCIO

ALVO
- Músculos estabilizadores da pelve
- Músculos abdominais oblíquos

BENEFÍCIOS
- Fortalece e alonga as pernas e o tronco
- Fortalece os músculos do *core*

NÃO ACONSELHÁVEL EM CASO DE
- Problemas no pescoço

❷ Contraia os músculos abdominais, puxando o umbigo para dentro em direção à coluna. Levante as duas pernas no ar, pressionando-as uma contra a outra com força.

3 Sem mover o tronco ou os quadris, leve as pernas para a frente e abaixe-as com controle sobre a borda frontal do *mat*. As pernas e o tronco devem manter um ângulo de 45 graus com o *mat*. Os quadris e os ombros devem estar alinhados.

4 Contraia os músculos abdominais e as pernas, levante as pernas e volte para a posição inicial. Repita cinco a seis vezes em cada lado.

FOCO MUSCULAR

- Reto do abdome
- Tibial anterior
- Tensor da fáscia lata
- Transverso do abdome
- Oblíquo interno

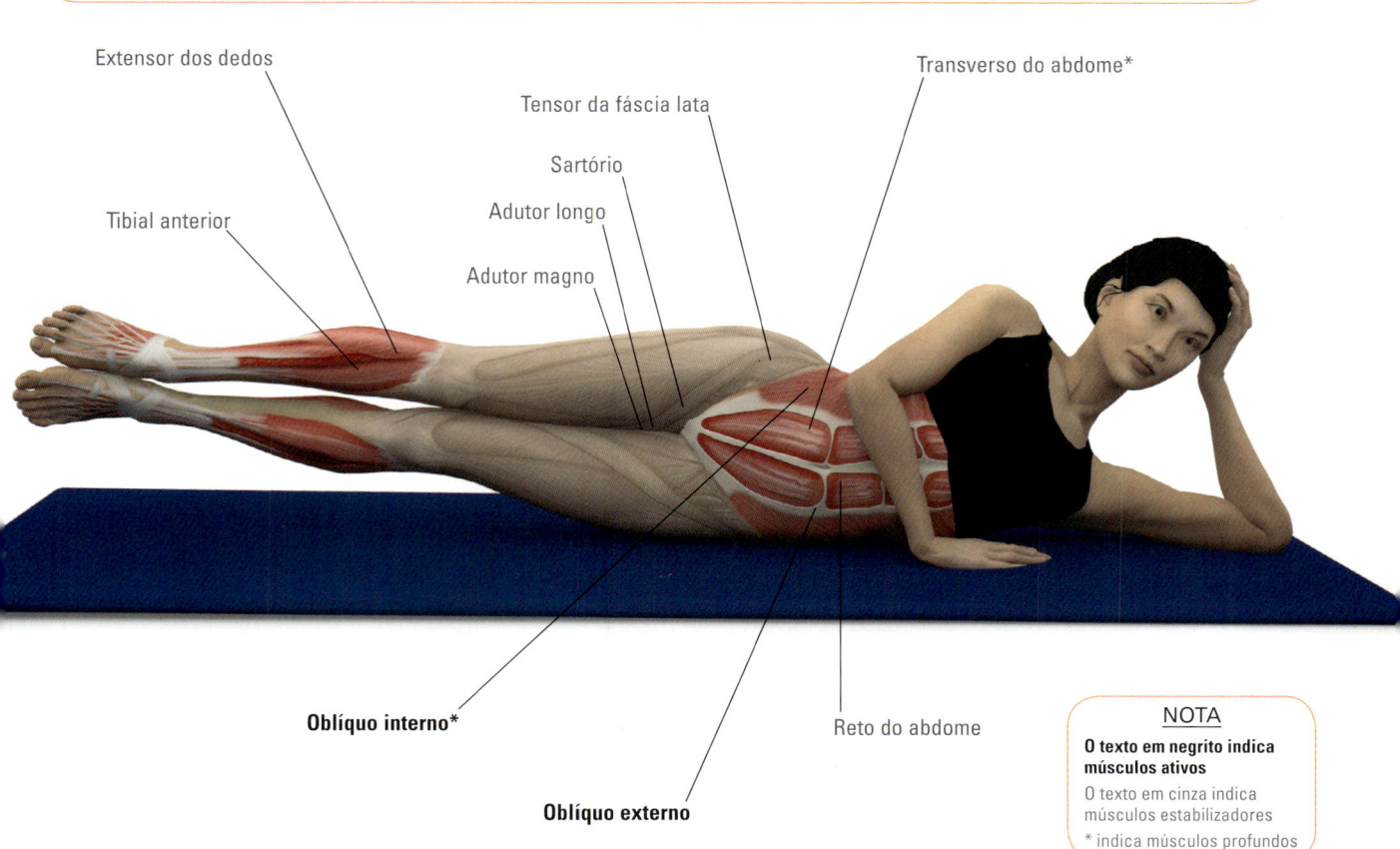

Extensor dos dedos

Tensor da fáscia lata

Transverso do abdome*

Sartório

Adutor longo

Tibial anterior

Adutor magno

Oblíquo interno*

Reto do abdome

Oblíquo externo

NOTA

O texto em negrito indica músculos ativos

O texto em cinza indica músculos estabilizadores

* indica músculos profundos

ROLLING LIKE A BALL (ROLAR COMO UMA BOLA)

INICIANTE

O exercício *Rolling like a ball* se concentra no equilíbrio e no controle, na mobilização articular da coluna vertebral e no alongamento. Também proporciona uma sensação de bem-estar, massageando as costas enquanto você se exercita.

FAÇA CORRETAMENTE

PROCURE
- Manter as costas arredondadas ao longo de todo o movimento.
- Contrair os músculos abdominais para manter o equilíbrio.

EVITE
- Usar os músculos dos braços para rolar e equilibrar o corpo.
- Deixar que os pés toquem o solo.

❶ Sentado com os joelhos fletidos e os pés elevados, encontre seu ponto de equilíbrio. Coloque as mãos ao redor das coxas.

❷ Usando os músculos abdominais inferiores para levantar os quadris, role sobre os ombros.

GUIA DO EXERCÍCIO

ALVO
- Músculos abdominais

BENEFÍCIOS
- Massageia os músculos das costas
- Melhora o controle abdominal

NÃO ACONSELHÁVEL EM CASO DE
- Problemas no pescoço

NOTA

O texto em negrito indica músculos ativos

O texto em cinza indica músculos estabilizadores

* indica músculos profundos

Deltoide

Bíceps braquial

Braquial

Tríceps braquial

Extensor dos dedos

Flexor dos dedos

Glúteo máximo

Reto do abdome

Oblíquo interno*

Transverso do abdome*

Tensor da fáscia lata

FOCO MUSCULAR

- Reto do abdome
- Tríceps braquial
- Bíceps braquial
- Glúteo máximo
- Tensor da fáscia lata
- Transverso do abdome
- Oblíquo interno

3 Expire, contraindo os músculos abdominais para rolar de volta até o ponto de equilíbrio. Mantenha os ombros relaxados durante todo o movimento.

SPINE STRETCH I (ALONGAMENTO DA COLUNA I)

INICIANTE

1 Sente-se ereto, com as pernas estendidas e afastadas um pouco além da largura dos quadris. Inspire, elevando-se o mais alto possível sobre a base da coluna.

FOCO MUSCULAR

- Glúteo máximo
- Glúteo médio
- Bíceps femoral
- Semitendíneo
- Latíssimo do dorso
- Oblíquo interno

2 Flexione os pés e alcance os calcanhares com as mãos, trabalhando os músculos das pernas. Os braços devem estar estendidos e paralelos ao solo, com as palmas das mãos voltadas para baixo.

FAÇA CORRETAMENTE

PROCURE
- Sentar-se ereto sobre os ísquios.
- Articular uma vértebra de cada vez enquanto alonga para a frente e desenrola de volta.

O *Spine stretch I* é outro exercício que envolve enrolar as costas curvando-se para a frente. O alongamento da coluna vertebral aumenta a flexibilidade, ajudando a evitar lesões e a melhorar a postura.

3 Expire, arredondando as costas e fazendo com ela uma curva em C, comprimindo as costelas e o abdome. Enrole a cabeça para baixo, alongando o pescoço.

Latíssimo do dorso

Reto do abdome

Oblíquo interno*

Glúteo médio*

Glúteo máximo

Bíceps femoral

Semitendíneo

4 Expire, desenrolando a partir da base da coluna até o topo. Sente-se na posição alta inicial. Repita três vezes.

GUIA DO EXERCÍCIO

ALVO
• Flexibilidade dos músculos do quadril e posteriores da coxa

BENEFÍCIOS
• Um maior alongamento de toda a coluna vertebral, especialmente do pescoço e da parte cervical da coluna

NÃO ACONSELHÁVEL EM CASO DE
• Problemas na parte lombar da coluna vertebral. Para posteriores da coxa muito encurtados, sente-se sobre uma toalha dobrada durante o exercício.

SPINE TWIST (ROTAÇÃO DA COLUNA)

INICIANTE

1 Sente-se em um *mat*, com as costas retas. Estenda as pernas à frente, afastadas entre si, ligeiramente além da largura do quadril.

2 Inspire, elevando-se o máximo possível sobre a base da coluna. Concentre-se em fixar os quadris no solo.

O *Spine twist* é uma das melhores maneiras de aumentar a amplitude de movimento na parte superior do corpo. Este exercício ajuda a alongar as costas e o tronco, mantendo um eixo vertical central ao longo do corpo.

FOCO MUSCULAR

- Bíceps femoral
- Glúteo máximo
- Tensor da fáscia lata
- Transverso do abdome
- Oblíquo externo
- Latíssimo do dorso
- Redondo maior
- Quadrado do lombo
- Deltoide
- Reto femoral

3 Expire, elevando-se e retirando o peso dos quadris enquanto contrai com força os músculos abdominais inferiores. Gire o tronco para a esquerda, mantendo os quadris encaixados e fixados no solo.

4 Inspire e retorne ao centro.

FAÇA CORRETAMENTE

PROCURE
- Girar o tronco ao longo do eixo central do corpo.
- Manter os braços paralelos ao solo.

EVITE
- Deixar que os quadris se levantem do solo.

Flexor dos dedos

Extensor dos dedos

Redondo maior

Deltoide

Tríceps braquial

Quadrado do lombo

Latíssimo do dorso

Eretor da espinha

Transverso do abdome*

Oblíquo externo

Tensor da fáscia lata

Glúteo máximo

Reto femoral

Bíceps femoral

GUIA DO EXERCÍCIO

ALVO
- Flexibilidade das costas

BENEFÍCIOS
- Fortalece e alonga o tronco

NÃO ACONSELHÁVEL EM CASO DE
- Dor nas costas. Se os posteriores da coxa forem muito encurtados e o impedirem de se sentar sobre os ísquios, coloque uma toalha sob os glúteos e flexione ligeiramente os joelhos.

5 Expire, elevando-se e retirando o peso dos quadris novamente, girando para o outro lado.

6 Inspire e volte para o centro. Repita três vezes em cada direção.

ROLL-DOWN (ROLAMENTO PARA BAIXO)

INICIANTE

O *Roll-down* possibilita a transição para outros exercícios, melhorando ao mesmo tempo a força abdominal e a estabilidade.

FOCO MUSCULAR

- Reto do abdome
- Tensor da fáscia lata
- Oblíquo interno
- Oblíquo externo
- Transverso do abdome

❶ Sentado, flexione os joelhos e apoie bem os pés no solo. Inspire elevando--se o máximo possível, alongando a coluna.

FAÇA CORRETAMENTE

PROCURE
- Manter os braços retos, paralelos um ao outro e ao solo.
- Levar a parte superior do esterno e a cabeça para a frente.

EVITE
- Deixar que a parte lombar da coluna vertebral saia do solo; use os músculos abdominais para estabilizar o *core*.

❷ Expire, tracionando o umbigo em direção à coluna, criando uma curva em C nas costas. Comece a rolar para trás, abaixando a coluna em direção ao *mat* e encolhendo a região do cóccix sob você. Os braços devem permanecer estendidos e paralelos à sua frente.

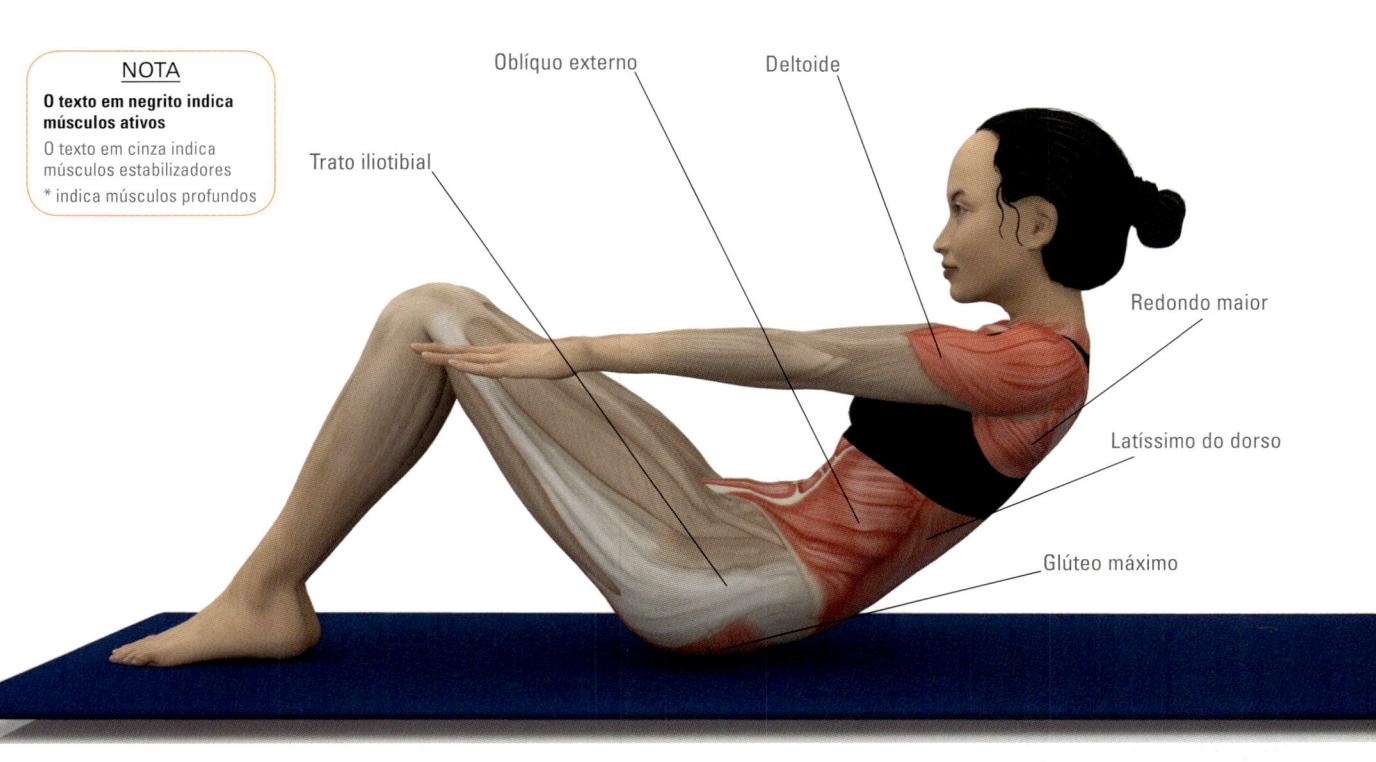

Oblíquo externo

Deltoide

Trato iliotibial

Redondo maior

Latíssimo do dorso

Glúteo máximo

GUIA DO EXERCÍCIO

ALVO

- Músculos abdominais profundos

BENEFÍCIOS

- Fortalece e utiliza os músculos abdominais profundos
- Alonga a coluna vertebral
- Desenvolve o controle

Reto do abdome

Oblíquo interno*

Transverso do abdome*

Tensor da fáscia lata

Adutor magno

Sartório

Adutor longo

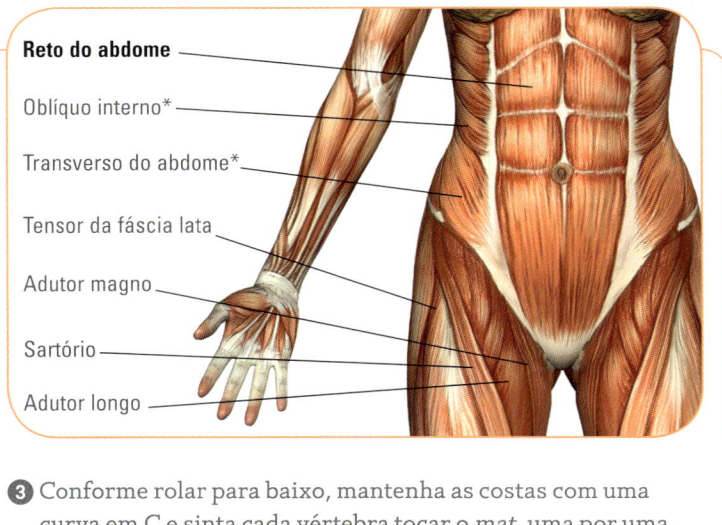

3 Conforme rolar para baixo, mantenha as costas com uma curva em C e sinta cada vértebra tocar o *mat*, uma por uma. Termine em decúbito dorsal.

BRIDGE I (PONTE I)

INICIANTE

1 Em decúbito dorsal, flexione os joelhos e apoie os pés sobre o *mat*. Os pés devem estar afastados na largura do quadril. Inspire, insuflando a parte de trás da caixa torácica e expandindo os pulmões.

O *Bridge I* é o exercício perfeito para tonificar as pernas e os glúteos. Exercitar esses músculos enquanto se estabiliza o tronco também beneficia a parte lombar da coluna vertebral, tanto por fortalecer áreas fracas quanto por protegê-las de danos futuros.

FOCO MUSCULAR

- Glúteo máximo
- Bíceps femoral
- Reto femoral
- Reto do abdome
- Tensor da fáscia lata
- Transverso do abdome
- Oblíquo interno

2 Expire, pressione os pés contra o *mat* e comprima os glúteos um contra o outro, levantando os quadris até que o corpo forme uma linha reta dos ombros aos joelhos.

3 Inspire e mantenha a posição.

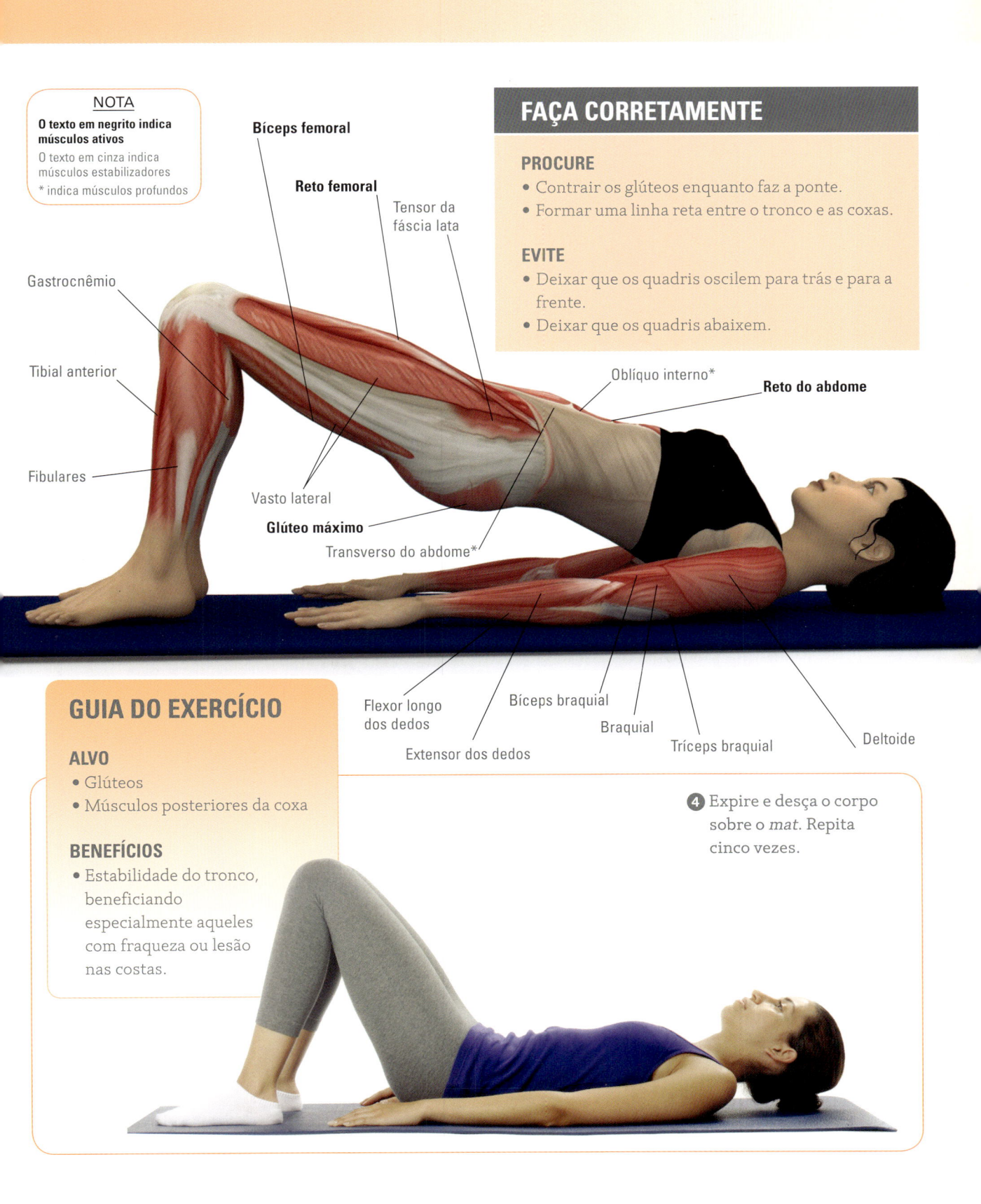

NOTA

O texto em negrito indica músculos ativos

O texto em cinza indica músculos estabilizadores

* indica músculos profundos

Bíceps femoral

Reto femoral

Tensor da fáscia lata

Gastrocnêmio

Tibial anterior

Fibulares

Vasto lateral

Glúteo máximo

Transverso do abdome*

Oblíquo interno*

Reto do abdome

Flexor longo dos dedos

Extensor dos dedos

Bíceps braquial

Braquial

Tríceps braquial

Deltoide

FAÇA CORRETAMENTE

PROCURE

- Contrair os glúteos enquanto faz a ponte.
- Formar uma linha reta entre o tronco e as coxas.

EVITE

- Deixar que os quadris oscilem para trás e para a frente.
- Deixar que os quadris abaixem.

GUIA DO EXERCÍCIO

ALVO

- Glúteos
- Músculos posteriores da coxa

BENEFÍCIOS

- Estabilidade do tronco, beneficiando especialmente aqueles com fraqueza ou lesão nas costas.

④ Expire e desça o corpo sobre o *mat*. Repita cinco vezes.

SINGLE-LEG CIRCLES (CÍRCULOS COM A PERNA)

INICIANTE

O *Single-leg circles* é perfeito para o desenvolvimento do controle abdominal. Trabalhar um lado de cada vez possibilita que você se concentre nos diversos músculos das pernas e nos abdominais.

FOCO MUSCULAR

- Tríceps braquial
- Glúteo máximo
- Tensor da fáscia lata
- Reto femoral
- Bíceps femoral
- Adutor magno
- Vasto lateral
- Vasto medial
- Reto do abdome
- Oblíquo externo

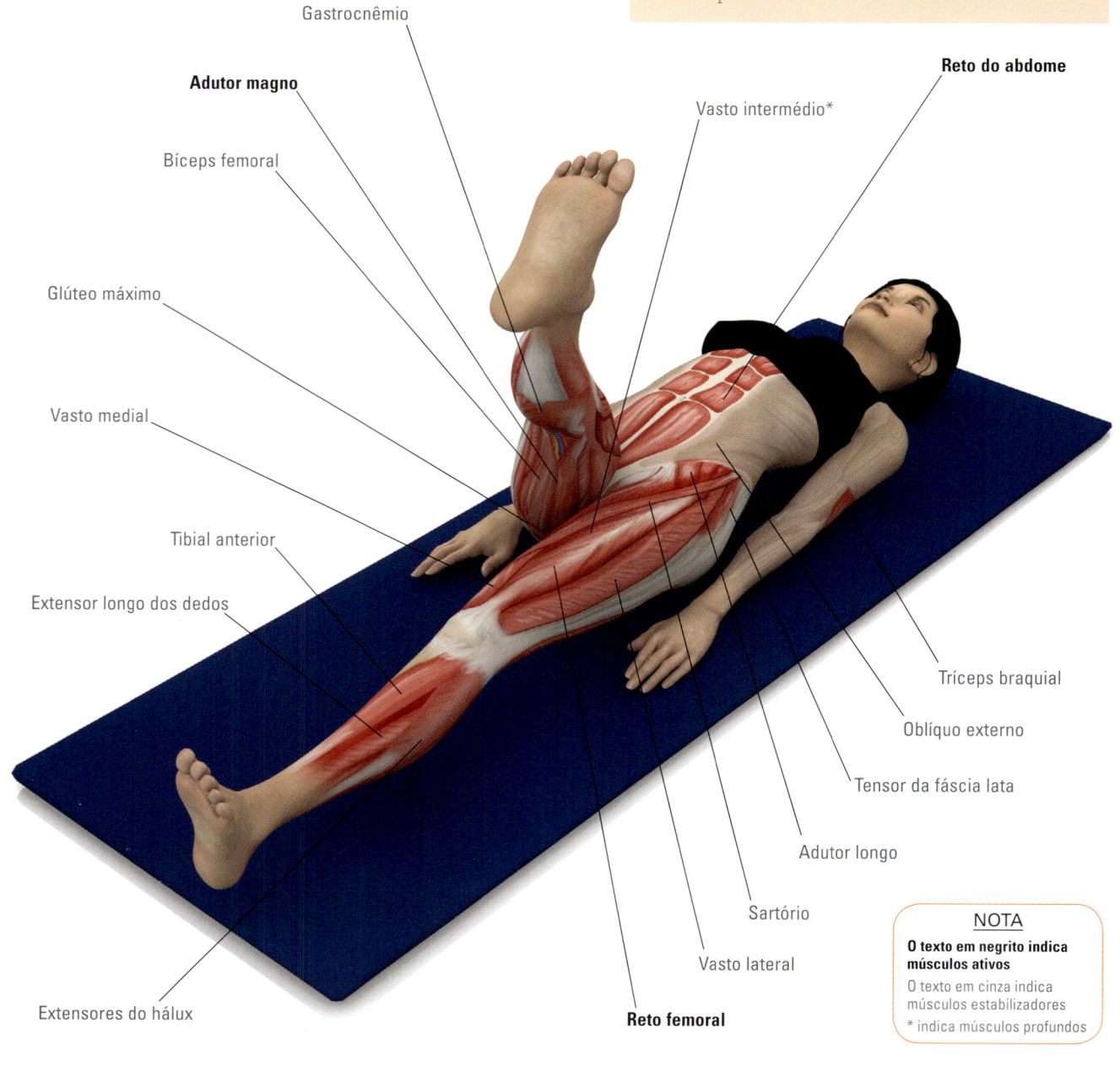

Gastrocnêmio

Adutor magno

Bíceps femoral

Glúteo máximo

Vasto medial

Tibial anterior

Extensor longo dos dedos

Extensores do hálux

Vasto intermédio*

Reto do abdome

Tríceps braquial

Oblíquo externo

Tensor da fáscia lata

Adutor longo

Sartório

Vasto lateral

Reto femoral

NOTA

O texto em negrito indica músculos ativos

O texto em cinza indica músculos estabilizadores

* indica músculos profundos

1 Deite-se no *mat* com as pernas e os braços estendidos.

2 Comece flexionando o joelho direito em direção ao tórax e, então, estenda a perna, levando-a para cima no ar. Fixe o restante do corpo no solo, estendendo os joelhos e pressionando os ombros para trás e para baixo.

GUIA DO EXERCÍCIO

ALVO
- Estabilidade pélvica
- Músculos abdominais

BENEFÍCIOS
- Alonga os músculos da perna
- Fortalece os músculos abdominais profundos

NÃO ACONSELHÁVEL EM CASO DE
- Síndrome do ressalto do quadril. Nesse caso, reduza a amplitude dos círculos.

3 Cruze a perna levantada para cima e sobre o corpo, levando-a em direção ao ombro esquerdo. Continue fazendo um círculo com a perna levantada e retorne ao centro. Adicione ênfase ao movimento fazendo uma pausa no topo entre as repetições.

4 Mude de direção e repita. Faça com a outra perna. Realize o movimento completo de cinco a oito vezes.

FAÇA CORRETAMENTE

PROCURE
- Manter a estabilidade dos quadris e do tronco, enquanto as pernas são mobilizadas.
- Alongar o membro inferior do quadril ao pé.

THE HUNDRED I (CEM I)

INICIANTE

O *The hundred I* é um aquecimento perfeito para os pulmões e os músculos abdominais. Ajuda a aumentar a resistência, enquanto promove técnicas respiratórias adequadas.

FOCO MUSCULAR

- Reto do abdome
- Glúteo máximo
- Deltoide
- Bíceps braquial
- Tríceps braquial
- Extensor dos dedos
- Esternocleidomastóideo

❶ Em decúbito dorsal, apoie bem os pés no solo e comprima as coxas uma contra a outra.

❷ Inspire, elevando os braços com o punho em extensão e as palmas das mãos voltadas para baixo.

❸ Expire, trazendo os braços em direção ao solo e alongando a parte de trás do pescoço com uma ligeira inclinação do queixo (você pode elevar a cabeça neste momento se, com ela apoiada, o exercício for muito fácil). Bombeie delicadamente os braços para cima e para baixo em um pequeno movimento percussivo, como se estivesse batendo na água, ao mesmo tempo em que empurra os ombros para baixo e para trás.

❹ Inspire profundamente por cinco bombeamentos, mantendo o ritmo com os braços e contraindo de modo mais profundo os abdominais inferiores. Force suavemente a expiração trabalhando os músculos abdominais por mais cinco bombeamentos.

❺ Mantenha a posição e bombeie os braços por dez respirações completas, em um total de cem bombeamentos.

FAÇA CORRETAMENTE

PROCURE
- Manter uma respiração constante.
- Tracionar os músculos abdominais para dentro, em direção à coluna.

EVITE
- Deixar que a parte lombar da coluna vertebral se arqueie enquanto você faz os movimentos de bombeamento com os braços.

Oblíquo interno*

Reto do abdome

Deltoide

Transverso do abdome*

Oblíquo externo

Glúteo máximo

Esternocleidomastóideo

Tríceps braquial

Bíceps braquial

Extensor dos dedos

Flexor dos dedos

GUIA DO EXERCÍCIO

ALVO
- Estabilidade do tronco
- Força dos músculos abdominais

BENEFÍCIOS
- Aquece os músculos para aumentar o fluxo sanguíneo

NÃO ACONSELHÁVEL EM CASO DE
- Lombalgia

<u>NOTA</u>
O texto em negrito indica músculos ativos
O texto em cinza indica músculos estabilizadores
* indica músculos profundos

SINGLE-LEG STRETCH (ALONGAMENTO DE UMA PERNA)

INICIANTE

O *Single-leg stretch* é um exercício de nível iniciante que tem como alvo os músculos abdominais e que ajuda a melhorar a coordenação.

FOCO MUSCULAR

- Reto do abdome
- Bíceps femoral
- Tríceps braquial
- Bíceps braquial
- Tibial anterior
- Tensor da fáscia lata
- Transverso do abdome
- Oblíquo interno

1 Puxe o joelho direito em direção ao tórax e estenda a outra perna, elevando-a cerca de 45 graus do solo.

2 Coloque a mão direita no tornozelo da perna fletida e a mão esquerda no joelho dessa mesma perna (o que mantém seu correto alinhamento).

GUIA DO EXERCÍCIO

ALVO
- Estabilidade do tronco
- Músculos abdominais

BENEFÍCIOS
- Estabiliza o *core* enquanto os membros estão em movimento
- Fortalece os músculos abdominais

NÃO ACONSELHÁVEL EM CASO DE
- Problemas no pescoço
- Lombalgia

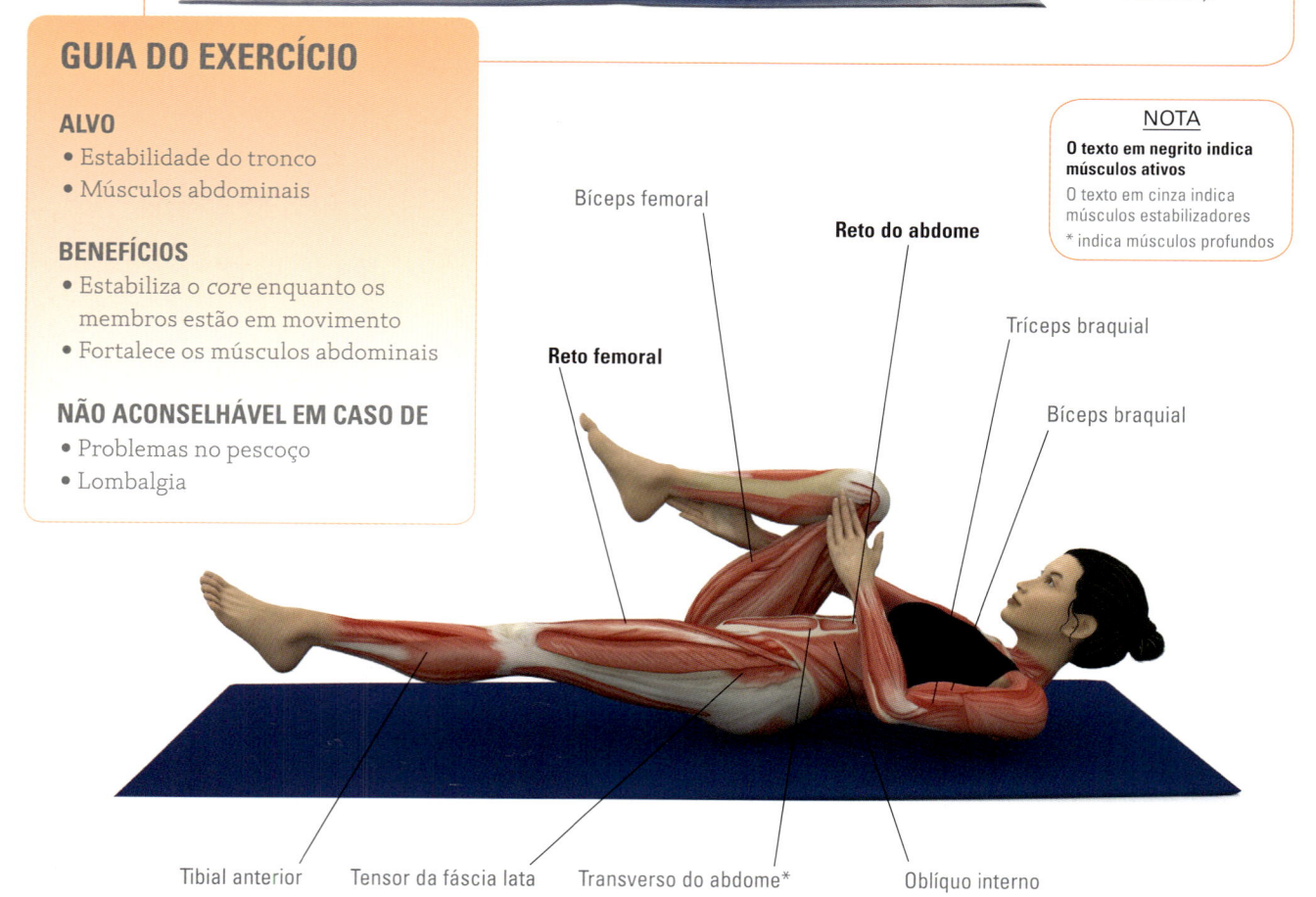

Bíceps femoral

Reto do abdome

Reto femoral

Tríceps braquial

Bíceps braquial

Tibial anterior   Tensor da fáscia lata   Transverso do abdome*   Oblíquo interno

FAÇA CORRETAMENTE

PROCURE
- Colocar sobre o tornozelo a mão do mesmo lado da perna flexionada, e sobre o joelho flexionado a mão do lado oposto.
- Levar a parte superior do esterno e a cabeça para a frente.

EVITE
- Deixar que a parte lombar da coluna vertebral saia do solo; contraia os músculos abdominais para estabilizar o *core* durante a alternância das pernas.

❸ Inspire, alternando as pernas duas vezes em cada inspiração e trocando simultaneamente a disposição das mãos.

❹ Expire, alternando as pernas duas vezes em cada expiração, mantendo as mãos no posicionamento adequado.

DOUBLE-LEG STRETCH (ALONGAMENTO DAS DUAS PERNAS)

INICIANTE

1 Em decúbito dorsal, enrole a parte superior do corpo em um movimento de onda e puxe os joelhos contra o tórax com as mãos nos tornozelos.

O *Double-leg stretch* é uma complementação do *Single-leg stretch*, trazendo as duas pernas em direção ao corpo. Isso é um pouco mais desafiador para os músculos da perna e os abdominais, e também fortalece as costas.

FOCO MUSCULAR

- Reto do abdome
- Bíceps femoral
- Tríceps braquial
- Bíceps braquial
- Tibial anterior
- Tensor da fáscia lata
- Transverso do abdome
- Oblíquo interno
- Reto femoral

GUIA DO EXERCÍCIO

ALVO
- Músculos abdominais

BENEFÍCIOS
- Alonga as pernas
- Fortalece os músculos abdominais

NÃO ACONSELHÁVEL EM CASO DE
- Lombalgia

2 Inspire, estendendo simultaneamente os braços e as pernas para a frente.

FAÇA CORRETAMENTE

PROCURE
• Manter a cabeça elevada, com o pescoço alongado.

EVITE
• Deixar que a parte lombar da coluna vertebral saia do solo; contraia os músculos abdominais para estabilizar o *core* enquanto estende as pernas.

NOTA
O texto em negrito indica músculos ativos

O texto em cinza indica músculos estabilizadores

* indica músculos profundos

MODIFICAÇÕES

Aumente a dificuldade: Em vez de estender os braços para a frente durante a inspiração, leve-os atrás da cabeça enquanto estende as pernas.

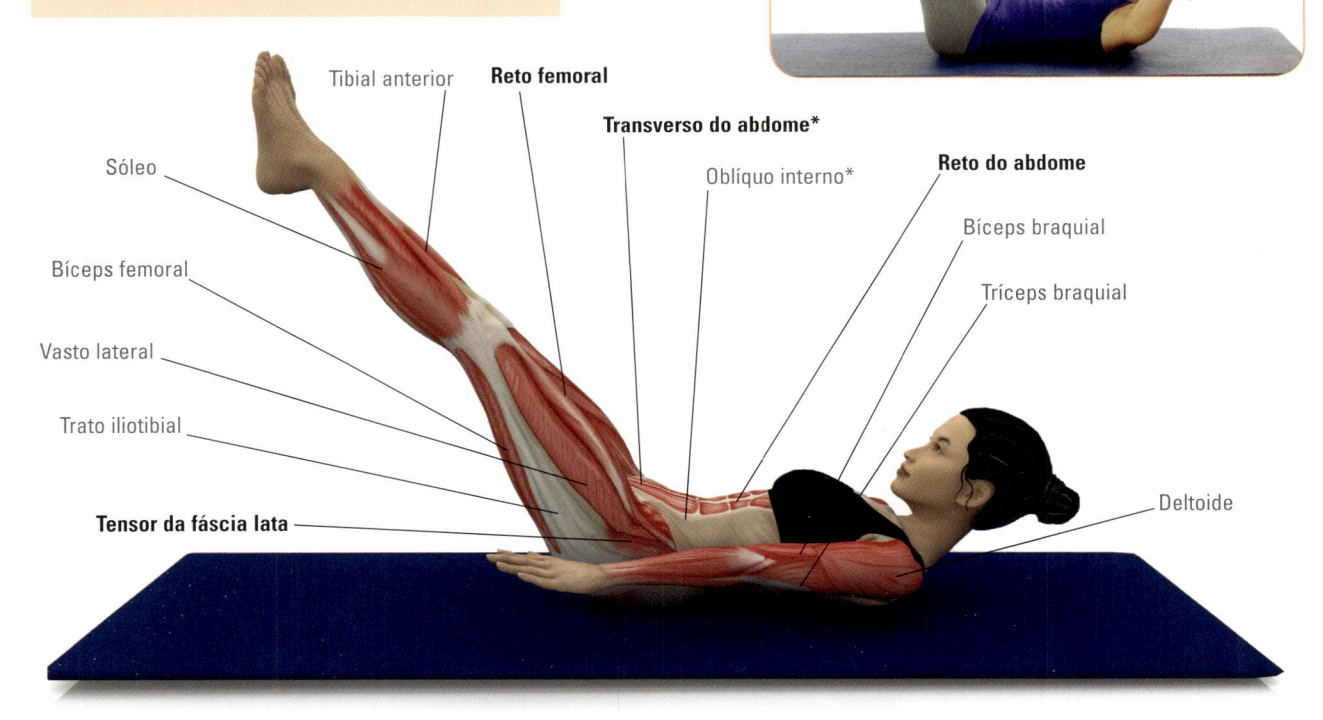

Tibial anterior

Reto femoral

Transverso do abdome*

Oblíquo interno*

Reto do abdome

Sóleo

Bíceps femoral

Vasto lateral

Trato iliotibial

Tensor da fáscia lata

Bíceps braquial

Tríceps braquial

Deltoide

❸ Expire, abraçando os joelhos de volta para o centro. Certifique-se de que está mantendo a parte superior do corpo elevada do *mat*. Repita quatro vezes.

THE RISING SWAN (ELEVAÇÃO DO CISNE)

INICIANTE

❶ Em decúbito ventral com a testa sobre o *mat*, flexione os braços e posicione os cotovelos junto ao corpo, com as palmas das mãos voltadas para baixo. Com os quadris em rotação lateral, pressione as coxas uma contra a outra.

❷ Tracione o umbigo para longe do *mat* e em direção à coluna vertebral, pressionando simultaneamente o osso púbico contra o *mat*. Contraia os glúteos e inspire.

❸ Expire, levando o abdome para dentro enquanto faz pressão com as mãos para elevar-se lentamente a partir da parte cervical da coluna vertebral. Mantenha a parte de trás do pescoço alongada e eleve suavemente a cabeça do *mat*.

❹ Inspire e mantenha a posição, tracionando mais o umbigo para dentro em direção à coluna vertebral e contraindo os glúteos. As pernas devem estar o tempo todo em contato com o *mat*.

❺ Expire e retorne à posição inicial.

É importante estender as costas com um movimento de arco, a fim de neutralizar o movimento em flexão anterior da coluna vertebral. O *The rising swan* fortalece as costas, o pescoço e os glúteos enquanto estabiliza a pelve.

FOCO MUSCULAR

- Glúteo máximo
- Bíceps femoral
- Reto femoral
- Deltoide
- Tríceps braquial
- Bíceps braquial
- Redondo maior
- Latíssimo do dorso
- Quadrado do lombo
- Tensor da fáscia lata
- Braquial
- Trapézio

NOTA

O texto em negrito indica músculos ativos

O texto em cinza indica músculos estabilizadores

* indica músculos profundos

Deltoide

Trapézio

Redondo maior

Latíssimo do dorso

Tríceps braquial

Quadrado do lombo*

Bíceps braquial

Braquial

Bíceps femoral

Reto femoral

Reto lateral

Glúteo máximo

Tensor da fáscia lata

GUIA DO EXERCÍCIO

ALVO
- Músculos extensores das costas
- Pescoço
- Glúteos

BENEFÍCIOS
- Contrapõe-se aos efeitos negativos da flexão anterior sobre a coluna

NÃO ACONSELHÁVEL EM CASO DE
- Dor nas costas

FAÇA CORRETAMENTE

PROCURE
- Contrair os glúteos enquanto faz força para retirar o umbigo do *mat*.
- Manter a cabeça em posição neutra.

EVITE
- Deixar que os abdominais toquem o *mat*.

MODIFICAÇÕES

Aumente a dificuldade: Empregue mais força nos braços até estender os cotovelos. Mantenha o abdome contraído enquanto os quadris saem do *mat*.

CHILD'S POSE (PRECE MAOMETANA)

INICIANTE

❶ Ajoelhado no *mat*, sente-se sobre os quadris apoiando-se sobre os calcanhares. Leve o tórax em direção às coxas.

FAÇA CORRETAMENTE

PROCURE
- Liberar a tensão do pescoço, das costas e dos quadris.

EVITE
- Apressar-se em chegar à posição final. Pode demorar alguns minutos até que você consiga realizar o alongamento completo.

❷ Estenda as mãos à frente da cabeça e alongue-se.

GUIA DO EXERCÍCIO

ALVO
- Parte lombar da coluna vertebral

BENEFÍCIOS
- Alonga e relaxa as costas

NÃO ACONSELHÁVEL EM CASO DE
- Lesão no joelho

O *Child's pose* é um alongamento de relaxamento que pode ser feito a qualquer momento para aliviar a tensão nas costas e quadris produzida durante a sessão de pilates.

FOCO MUSCULAR

- Latíssimo do dorso
- Trapézio
- Quadrado do lombo
- Deltoide
- Romboides maior e menor
- Redondo maior
- Serrátil anterior
- Glúteo máximo
- Eretor da espinha

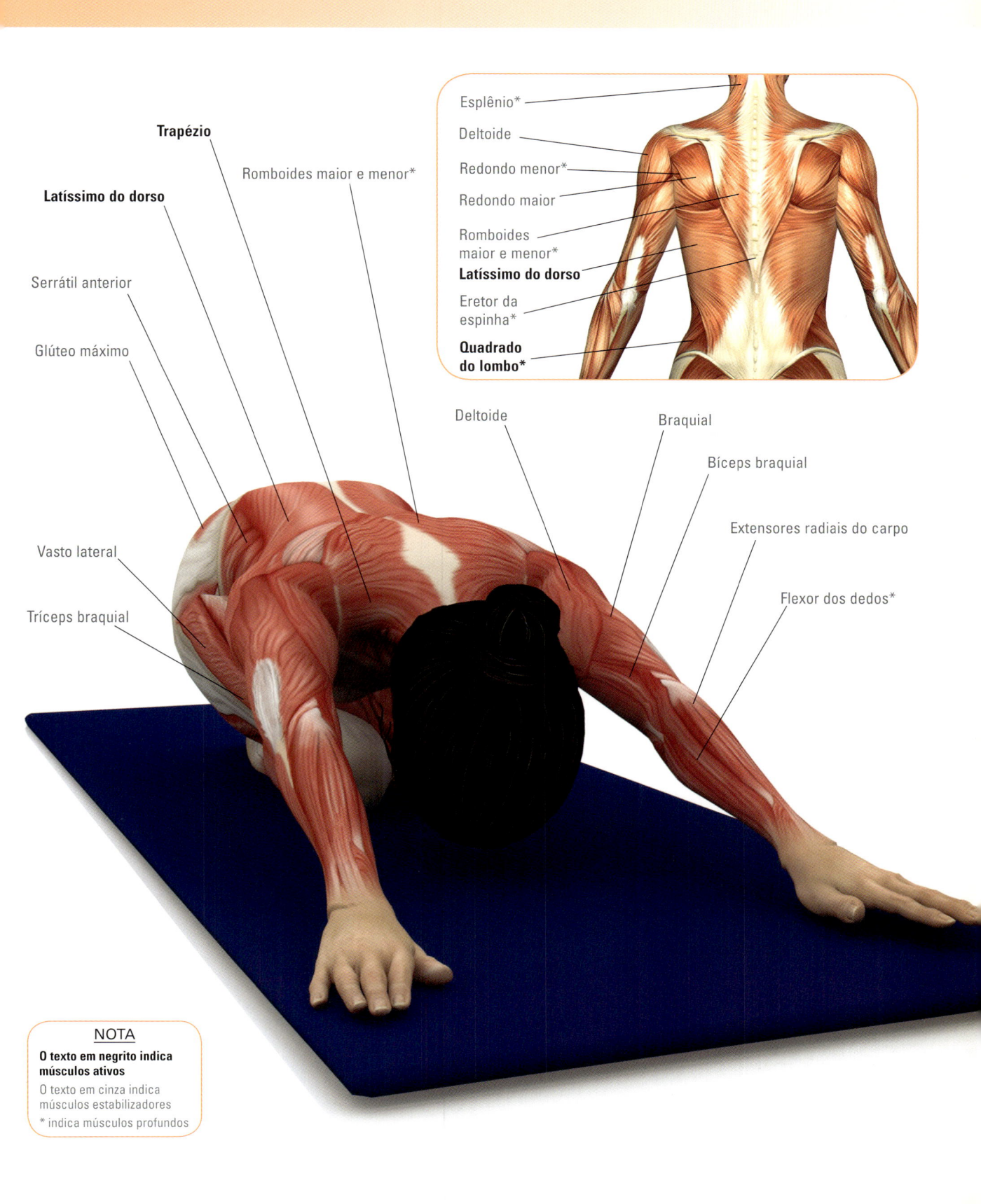

Esplênio*
Deltoide
Redondo menor*
Redondo maior
Romboides maior e menor*
Latíssimo do dorso
Eretor da espinha*
Quadrado do lombo*

Trapézio
Romboides maior e menor*
Latíssimo do dorso
Serrátil anterior
Glúteo máximo
Vasto lateral
Tríceps braquial

Deltoide
Braquial
Bíceps braquial
Extensores radiais do carpo
Flexor dos dedos*

NOTA
O texto em negrito indica músculos ativos
O texto em cinza indica músculos estabilizadores
* indica músculos profundos

PLANK ROLL-DOWN (ROLAMENTO PARA BAIXO EM PRANCHA)

INICIANTE

M uitos exercícios de pilates atuam como degraus ou blocos de construção para os exercícios mais avançados. O *Plank roll-down* fortalece os braços e os abdominais, introduzindo posições que você precisará saber para dominar os *Push-ups*. O movimento controlado para cima e para baixo também tem como alvo os músculos da perna.

❶ Comece na postura em pé do pilates.

❷ Abaixe a cabeça e desça enrolando o tronco, levando as mãos até o solo.

FOCO MUSCULAR

- Reto do abdome
- Tríceps braquial
- Glúteo máximo
- Bíceps femoral
- Oblíquo externo
- Tensor da fáscia lata
- Reto femoral
- Vasto intermédio

❸ Inspire andando com as mãos para longe dos pés até alcançar uma posição de prancha. Mantenha a posição por três respirações completas.

4 Expire enquanto caminha com as mãos para trás em direção aos pés, criando um V invertido com os quadris.

FAÇA CORRETAMENTE

PROCURE
• Manter o corpo rígido quando na posição de prancha.

EVITE
• Deixar que a parte lombar da coluna vertebral ceda.

GUIA DO EXERCÍCIO

ALVO
• Músculos do *core*

BENEFÍCIOS
• Fortalece e tonifica os músculos abdominais, dos braços e das pernas

NÃO ACONSELHÁVEL EM CASO DE
• Gravidez
• Lombalgia

5 Inspire, desenrolando vértebra por vértebra para retornar à postura em pé do pilates. Repita a sequência três vezes.

NOTA
O texto em negrito indica músculos ativos

O texto em cinza indica músculos estabilizadores

* indica músculos profundos

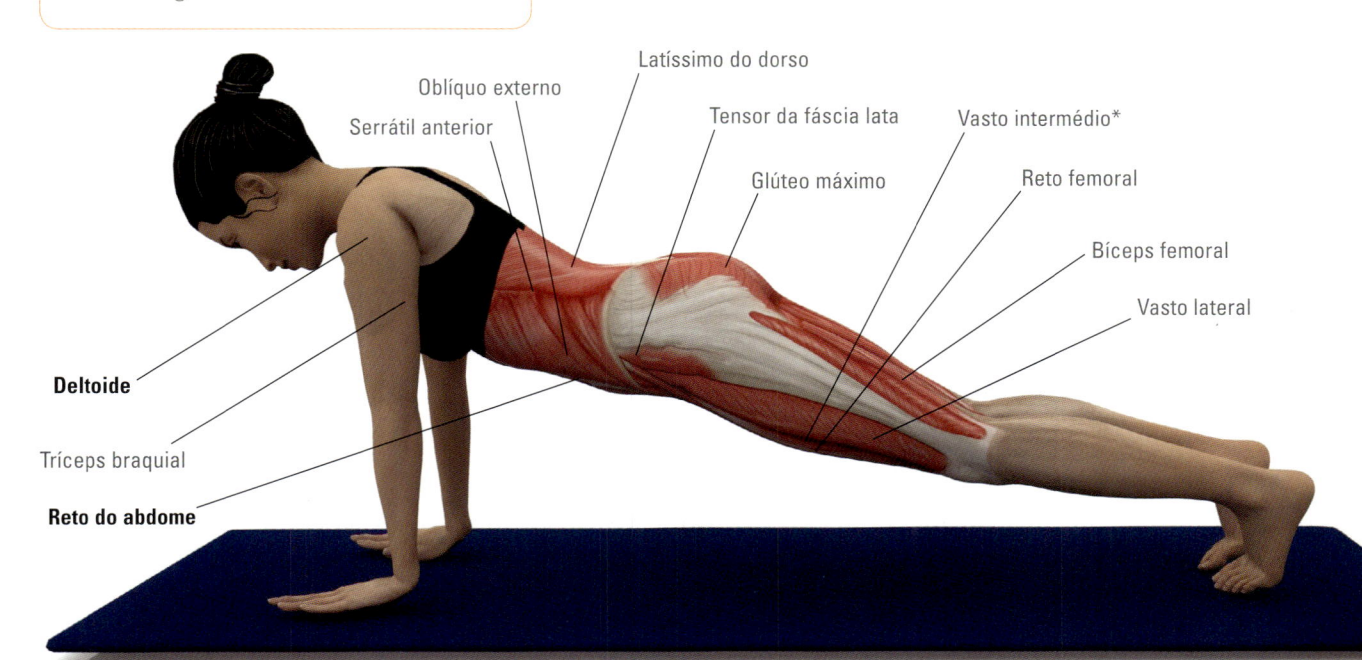

Oblíquo externo

Latíssimo do dorso

Serrátil anterior

Tensor da fáscia lata

Vasto intermédio*

Glúteo máximo

Reto femoral

Bíceps femoral

Vasto lateral

Deltoide

Tríceps braquial

Reto do abdome

THIGH ROCK-BACK (INCLINAÇÃO PARA TRÁS AJOELHADO)

INICIANTE

O *Thigh rock-back* é um exercício de controle, fortalecimento dos músculos das coxas e abdominais, bem como alongamento das pernas e dos tornozelos. À medida que você praticar este movimento, será capaz de inclinar-se mais para trás, o que torna o exercício desafiador mesmo que você já tenha um nível elevado de habilidade.

NOTA

O texto em negrito indica músculos ativos

O texto em cinza indica músculos estabilizadores

* indica músculos profundos

GUIA DO EXERCÍCIO

ALVO
- Quadríceps
- Músculos abdominais

BENEFÍCIOS
- Alonga as coxas
- Aumenta a amplitude de movimento da porção anterior do tornozelo

Reto do abdome

Tensor da fáscia lata

Sartório

Vasto intermédio*

Reto femoral

Vasto lateral

Vasto medial

Oblíquo interno*

Glúteo máximo

Adutor magno

Bíceps femoral

1 Ajoelhe-se sobre o *mat* com os joelhos afastados na largura dos quadris e os braços nas laterais do corpo. Contraia os músculos abdominais, levando o umbigo em direção à coluna vertebral. Inspire profundamente.

FAÇA CORRETAMENTE

PROCURE
- Criar uma linha do tronco até os joelhos.
- Contrair os músculos abdominais para realizar um movimento controlado.
- Contrair os músculos glúteos.

EVITE
- Inclinar demais a ponto de não ser capaz de retornar à posição inicial.
- Flexionar os quadris.

2 Expire e incline-se para trás, mantendo os quadris afastados e alinhados com os ombros, alongando a parte anterior das coxas.

FOCO MUSCULAR

- Reto do abdome
- Reto femoral
- Vasto intermédio
- Vasto medial
- Bíceps femoral
- Tensor da fáscia lata
- Glúteo máximo
- Oblíquo interno
- Adutor magno
- Sartório

3 Quando tiver inclinado o máximo possível para trás, você poderá contrair os glúteos e, lentamente, trazer o corpo de volta para a posição vertical. Repita quatro a cinco vezes.

TENDON STRETCH (ALONGAMENTO DA PANTURRILHA)

INICIANTE

O *Tendon stretch* integra equilíbrio, coordenação, resistência e alongamento dos músculos das pernas. Este exercício também fortalece os músculos dos pés.

FOCO MUSCULAR

- Tibial anterior
- Gastrocnêmio
- Sóleo
- Glúteo máximo
- Bíceps femoral
- Reto femoral
- Abdutor do hálux
- Vasto medial

❶ Em pé, com os pés unidos e paralelos, estenda os braços à frente do corpo para melhorar a estabilidade. Com os pés firmemente apoiados no solo, curve os dedos dos pés para cima.

❷ Contraia os músculos abdominais e incline-se para a frente, agachando. Mantenha os calcanhares apoiados no solo e o tórax o mais vertical possível, resistindo à tendência de inclinar-se muito para a frente.

❸ Expire, retornando à posição inicial. Imagine-se pressionando o solo à medida que subir, criando resistência aos músculos das pernas com o próprio corpo. Repita cinco a seis vezes.

GUIA DO EXERCÍCIO

ALVO
- Arcos dos pés
- Músculos da panturrilha

BENEFÍCIOS
- Alonga e fortalece os músculos da panturrilha
- Melhora o equilíbrio

NÃO ACONSELHÁVEL EM CASO DE
- Dor nos pés

FAÇA CORRETAMENTE

PROCURE
- Manter o tórax na posição vertical.
- Tracionar os músculos abdominais em direção à coluna.
- Curvar os dedos dos pés para cima durante todo o movimento.

EVITE
- Deixar que os calcanhares saiam do solo.
- Subir para a posição em pé muito rapidamente.

NOTA
O texto em negrito indica músculos ativos
O texto em cinza indica músculos estabilizadores
* indica músculos profundos

Glúteo médio*

Glúteo máximo

Tensor da fáscia lata

Reto femoral

Vasto intermédio*

Vasto medial

Sartório

Adutor magno

Bíceps femoral

Tibial anterior

Gastrocnêmio

Abdutor do hálux

Sóleo

SINGLE-LEG BALANCE (EQUILÍBRIO UNIPODAL)

INICIANTE

O *Single-leg balance* é um movimento simples realizado em três direções: anterior, posterior e lateral. Estender a perna nas três direções ajuda a melhorar o equilíbrio e a força global nas pernas e nos pés.

GUIA DO EXERCÍCIO

ALVO
• Equilíbrio do *core*

BENEFÍCIOS
• Melhora o equilíbrio
• Fortalece os pés e os tornozelos

❶ Fique em pé ereto e coloque as mãos nos quadris. Inspire, levante a perna direita e flexione o joelho até a altura do quadril.

❷ Expire, pressionando o pé para baixo e para a frente, contraindo as coxas e levando o calcanhar adiante. Inspire e repita três vezes em cada perna.

❸ Expire e leve a perna para o lado, contraindo as coxas e levando o calcanhar adiante. Mantenha a estabilidade do quadril e do tronco. Inspire e repita três vezes em cada perna.

FOCO MUSCULAR

- Reto do abdome
- Oblíquo externo
- Adutor longo
- Adutor magno
- Gastrocnêmio
- Tibial anterior
- Bíceps femoral
- Tensor da fáscia lata
- Reto femoral
- Vasto lateral

FAÇA CORRETAMENTE

PROCURE
- Manter a coluna em linha reta do pescoço até a cintura

EVITE
- Tirar as mãos dos quadris. Se você sentir que está perdendo o equilíbrio, encoste no chão o pé que está no alto.

Reto do abdome
Adutor magno
Oblíquo externo
Tensor da fáscia lata
Vasto lateral
Bíceps femoral
Tibial anterior
Extensor longo dos dedos
Adutor longo
Reto femoral
Sartório
Vasto medial
Gastrocnêmio
Extensor do hálux
Flexor do hálux

④ Expire e estenda a perna atrás do corpo, contraindo as coxas e levando o calcanhar adiante. Inspire e repita três vezes em cada perna.

NOTA
O texto em negrito indica músculos ativos

O texto em cinza indica músculos estabilizadores

THE WINDMILL (MOINHO DE VENTO)

INICIANTE

Articular a coluna corretamente é uma habilidade fundamental a ser dominada no pilates. O exercício *The windmill* promove essa articulação da coluna vertebral com um movimento lento de alongamento.

❶ Fique em pé ereto e expire.

NOTA

O texto em negrito indica músculos ativos

O texto em cinza indica músculos estabilizadores

* indica músculos profundos

Romboides maior e menor*

Trapézio

Latíssimo do dorso

Quadrado do lombo*

Glúteo máximo

Bíceps femoral

Levantador da escápula*

Romboides maior e menor*

Redondo menor

Redondo maior

Trapézio

Eretor da espinha*

Quadrado do lombo*

Glúteo médio*

GUIA DO EXERCÍCIO

ALVO
• Coluna vertebral

BENEFÍCIOS
• Alonga os músculos da coluna vertebral e os posteriores da coxa
• Aperfeiçoa a mobilidade da coluna vertebral

NÃO ACONSELHÁVEL EM CASO DE
• Lombalgia que irradia para as pernas

2 Leve a cabeça em direção ao tórax, enrolando uma vértebra de cada vez, tente tocar os dedos dos pés. Mantenha o peso ligeiramente deslocado para a frente e continue expirando, arredondando a coluna.

FAÇA CORRETAMENTE

PROCURE
- Articular a coluna, vértebra por vértebra.
- Conectar o alongamento das costas ao alongamento dos posteriores da coxa.

3 Quando estiver completamente flexionado, inspire e comece a desenrolar a coluna, articulando-a a partir dos quadris até os ombros. Role os ombros para trás e erga a cabeça. Repita três vezes.

FOCO MUSCULAR

- Latíssimo do dorso
- Eretor da espinha
- Romboides maior e menor
- Quadrado do lombo
- Bíceps femoral
- Glúteo máximo

HEEL BEATS (BATIDA DE CALCANHARES)

INICIANTE

Embora o exercício *Heel beats* seja feito em uma posição deitada confortável, ele tonifica e fortalece desde os músculos da parte posterior do pescoço até os tendões dos pés.

FAÇA CORRETAMENTE

PROCURE
- Contrair os músculos glúteos e abdominais enquanto comprime os calcanhares um contra o outro.
- Manter uma respiração constante.

EVITE
- Tensionar os ombros.

❶ Deite de bruços com as mãos sob a testa, palmas para baixo. Abaixe os ombros, afastando-os das orelhas. Com os quadris em rotação lateral, aperte as coxas uma contra a outra.

GUIA DO EXERCÍCIO

ALVO
- *Core*

BENEFÍCIOS
- Incentiva os músculos do corpo inteiro a trabalharem em conjunto
- Alonga os músculos extensores

NÃO ACONSELHÁVEL EM CASO DE
- Dor nas costas

Levantador da escápula*

Redondo menor

Romboides maior e menor

Trapézio

Redondo maior

Serrátil anterior

Latíssimo do dorso

Deltoide

Transverso do abdome*

2 Tracione o umbigo para longe do *mat* e em direção à coluna, pressionando o osso púbico contra o *mat*. Estenda as pernas e eleve-as, contraindo os músculos da coxa.

FOCO MUSCULAR

- Trapézio
- Latíssimo do dorso
- Redondo maior
- Redondo menor
- Deltoide

- Glúteo máximo
- Bíceps femoral
- Adutor magno
- Sóleo
- Vasto lateral

3 Pressione os calcanhares um contra o outro e então separe-os em um movimento rápido, mas controlado, batendo os calcanhares um contra o outro oito vezes; em seguida, retorne à posição inicial. Repita a sequência de seis a oito vezes.

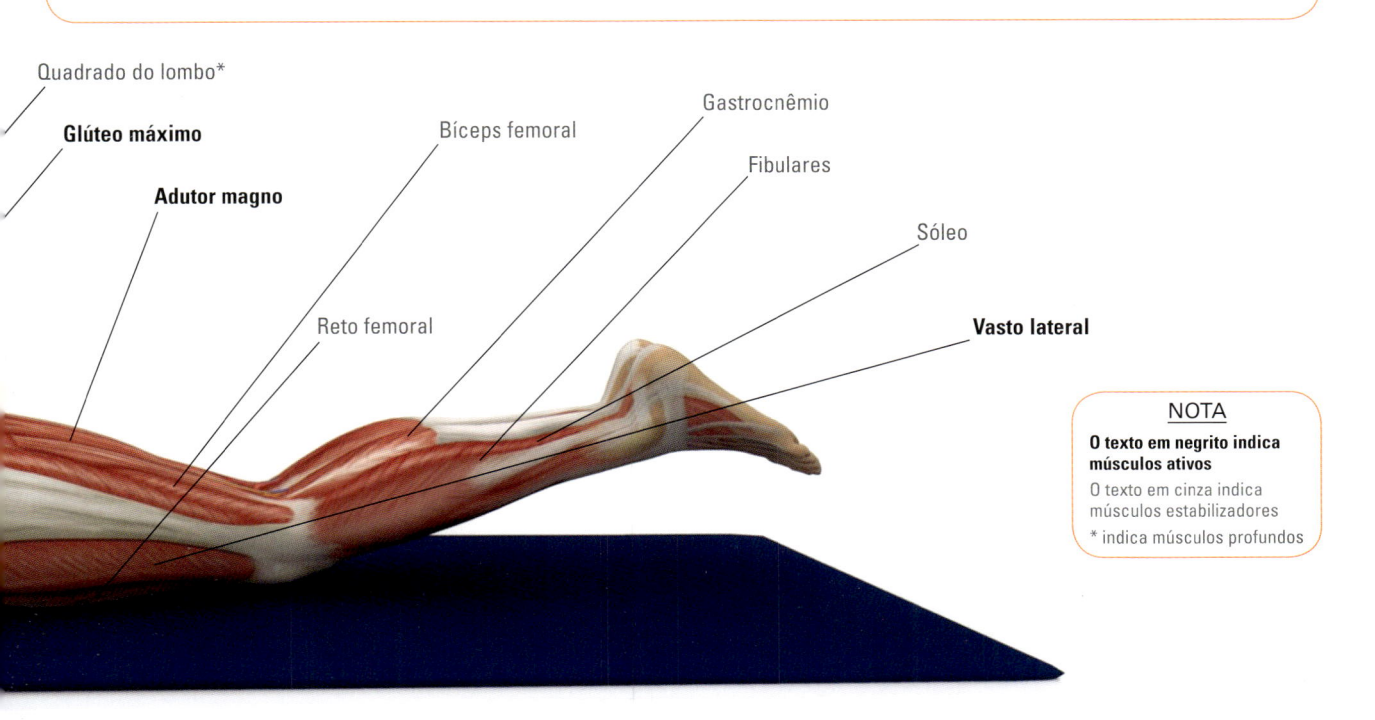

Quadrado do lombo*

Glúteo máximo

Adutor magno

Reto femoral

Bíceps femoral

Gastrocnêmio

Fibulares

Sóleo

Vasto lateral

NOTA

O texto em negrito indica músculos ativos

O texto em cinza indica músculos estabilizadores

* indica músculos profundos

EXEMPLOS DE SEQUÊNCIAS DE NÍVEL INICIANTE

INICIANTE

Os exemplos de sequências a seguir oferecem um treino abrangente para todo o corpo, usando os exercícios que você aprendeu neste capítulo. Estes exercícios são a base para aqueles mais avançados que você irá aprender à medida que avançar ao longo deste livro. São apresentadas duas rotinas para guiá-lo a fim de dominar o nível iniciante. Há inúmeras maneiras de configurar este programa de exercícios. Estas duas rotinas foram criadas de modo a proporcionar os melhores meios para ativar

APRENDENDO E APERFEIÇOANDO OS EXERCÍCIOS BÁSICOS I

Single-leg balance

Tendon stretch

The windmill

Thigh rock-back

Child's pose

Rolling like a ball

Spine stretch II

Spine twist

Roll-down

Half curl

Bridge I

Single-leg circles

Tiny steps

Child's pose

ALONGAMENTOS

Hamstring stretch

Hip flexor stretch

Lumbar stretch

Piriformis stretch

e fortalecer os músculos-chave do *core*, bem como acionar os músculos relacionados que serão utilizados em sinergia entre si ao longo do livro. Você pode alterar a ordem destes exercícios conforme desejar e deve realizar cada um deles quatro a seis vezes. Na primeira seção deste livro, são fornecidos exercícios de alongamento para lhe proporcionar uma flexibilidade global e manter os músculos alongados. Realizar estes exercícios antes de cada treino irá relaxar os músculos e prepará--los para a sua sessão de treinamento.

APRENDENDO E APERFEIÇOANDO OS EXERCÍCIOS BÁSICOS II

Tendon stretch

Plank roll-down

Rolling like a ball

Roll-down

Half curl

The hundred I

Single-leg stretch

Double-leg stretch

Heel beats

The rising swan

Child's pose

Single-leg circles

Single leg lift prep

Bridge I

ALONGAMENTOS

Spine stretch

Latissimus dorsi stretch

Side-bend stretch

Triceps stretch

PLANK WITH LEG LIFT (PRANCHA COM A PERNA ELEVADA)

INTERMEDIÁRIO

Conectar as pernas e os braços com o *core*, ao mesmo tempo em que se concentra no equilíbrio e na estabilidade, é um dos elementos mais importantes do pilates. O exercício *Plank with leg lift* ajuda a fortalecer todos os músculos do eixo central do corpo por meio de um vigoroso movimento de extensão.

FOCO MUSCULAR

- Glúteo máximo
- Bíceps femoral
- Glúteo médio
- Deltoide
- Reto femoral
- Adutor magno
- Tensor da fáscia lata
- Reto do abdome
- Transverso do abdome
- Oblíquo interno
- Adutor longo

GUIA DO EXERCÍCIO

ALVO
- Estabilidade do *core*
- Estabilizadores pélvicos
- Músculos extensores do quadril
- Músculos oblíquos

NÃO ACONSELHÁVEL EM CASO DE
- Lombalgia
- Dor no punho
- Dor no joelho na posição ajoelhada
- Incapacidade de estabilizar a coluna vertebral ao movimentar os membros

❶ Ajoelhado na posição de quatro apoios, acione os músculos abdominais levando o umbigo em direção à coluna vertebral em uma inspiração.

2 Expire, elevando lentamente um braço e estendendo a perna oposta, tudo ao mesmo tempo, mantendo o tronco imóvel. Estenda o braço e a perna até que ambos estejam paralelos ao solo, criando uma linha reta com o corpo. Não deixe que a pelve se incline nem gire.

3 Inspire, trazendo o braço e a perna de volta à posição inicial.

4 Expire e repita a sequência do outro lado, alternando os lados seis vezes.

FAÇA CORRETAMENTE

PROCURE
• Realizar o exercício lentamente para minimizar a movimentação da pelve.

EVITE
• Inclinar a pelve durante o movimento – deslize a perna ao longo da superfície do *mat* antes de elevá-la.
• Deixar que as costas se abaixem e assumam uma posição arqueada.

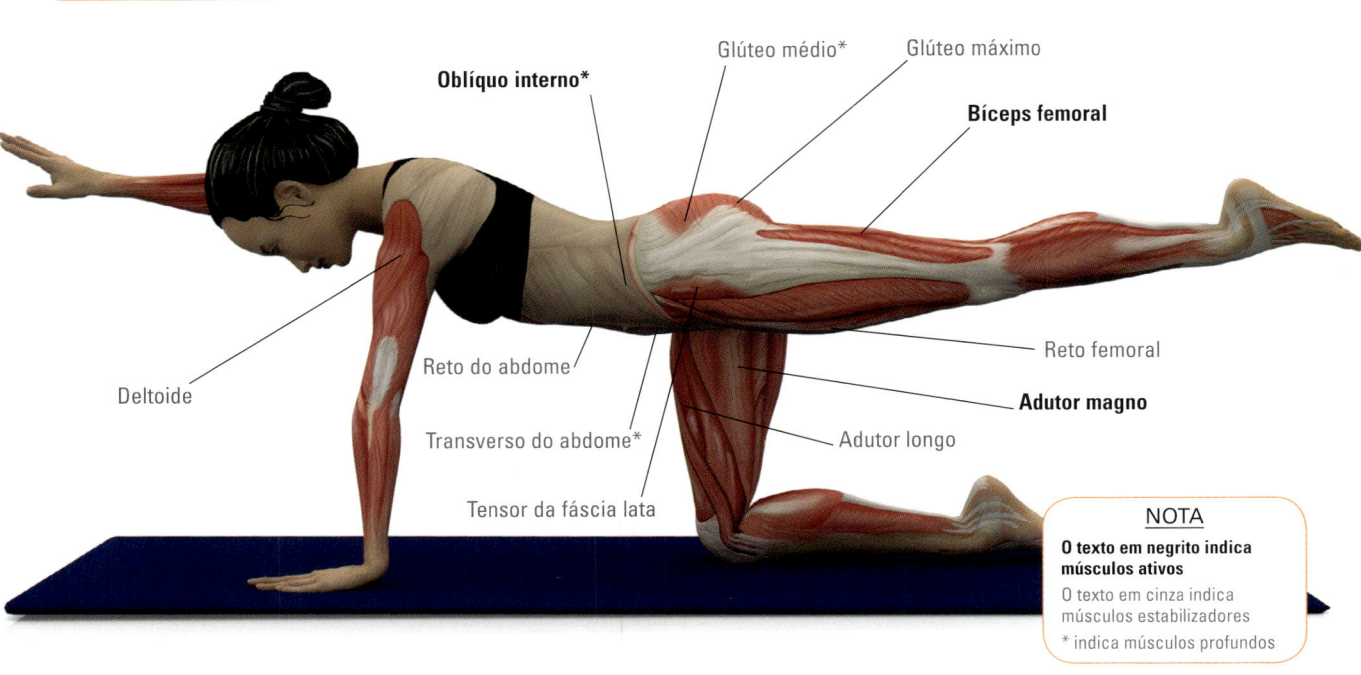

Oblíquo interno*

Glúteo médio*

Glúteo máximo

Bíceps femoral

Deltoide

Reto do abdome

Transverso do abdome*

Tensor da fáscia lata

Adutor longo

Reto femoral

Adutor magno

NOTA
O texto em negrito indica músculos ativos

O texto em cinza indica músculos estabilizadores

* indica músculos profundos

LEG PULL-BACK (ELEVAÇÃO DA PERNA DE COSTAS)

INTERMEDIÁRIO

Semelhante ao *Plank with leg lift*, o *Leg pull-back* tem como alvo os músculos das pernas, dos braços e os abdominais. Um pouco mais desafiador que o *Plank with leg lift*, este exercício exige que você mantenha a estabilidade ao mesmo tempo em que alcança a extensão e a flexão completa de todo o corpo.

FAÇA CORRETAMENTE

EVITE
• Deixar que o úmero afunde na cavidade glenoidal. Se as pernas não forem fortes o suficiente para apoiar o corpo, flexione ligeiramente os joelhos.

❶ Sente-se com as pernas paralelas e estendidas à frente do corpo. Coloque as mãos atrás de você com os dedos apontados em direção aos quadris.

GUIA DO EXERCÍCIO

ALVO
• Músculos extensores do quadril
• Estabilizadores do *core*
• Músculos dos braços
• Músculos das pernas

NÃO ACONSELHÁVEL EM CASO DE
• Dor no punho
• Lesão no ombro
• Dor no joelho na posição ajoelhada
• Dor aguda na perna

❷ Faça força nos braços e eleve o tórax, contraindo os glúteos e levantando os quadris enquanto pressiona os calcanhares no solo. Continue levantando a pelve até que o corpo forme uma linha reta dos ombros aos pés.

FOCO MUSCULAR

- Glúteo máximo
- Bíceps femoral
- Deltoide
- Reto femoral
- Adutor magno
- Tensor da fáscia lata
- Reto do abdome
- Transverso do abdome
- Adutor longo
- Oblíquo externo
- Latíssimo do dorso
- Tríceps braquial

Latíssimo do dorso

Tibial anterior

Fibulares

Bíceps femoral

Adutor magno

Adutor longo

Reto femoral

Tensor da fáscia lata

Transverso do abdome*

Reto do abdome

Oblíquo externo

Deltoide

Oblíquo interno*

Bíceps braquial

Tríceps braquial

Extensor dos dedos

Glúteo máximo

Glúteo médio*

NOTA

O texto em negrito indica músculos ativos

O texto em cinza indica músculos estabilizadores

* indica músculos profundos

3 Sem deixar que a pelve abaixe, levante uma perna estendida.

4 Abaixe lentamente a perna até o *mat* e troque de perna. Repita quatro a seis vezes de cada lado.

THE SEAL (FOCA)

INTERMEDIÁRIO

O *The seal* é uma maneira divertida de acionar os músculos do *core* enquanto se desfruta de uma massagem nas costas. Rolar sobre as costas proporciona bem-estar. Encontrar o ponto de equilíbrio do corpo no topo do rolamento aciona os estabilizadores pélvicos. Ao fazer este movimento, certifique-se de que você não está utilizando impulso para rolar. Este exercício exige controle total.

FAÇA CORRETAMENTE

EVITE
- Deixar que as costas façam um som de "pancada" ao tocar o solo; isso indica que é necessário contrair os músculos abdominais para criar um movimento suave e fluido.
- Rolar muito para trás, sobre o pescoço. Role somente até as escápulas.

1 Equilibrando-se com o peso ligeiramente apoiado atrás do cóccix, com os joelhos fletidos e abduzidos, sente-se ereto na posição de equilíbrio. Segure os tornozelos pela parte interna das pernas com os pés unidos e fora do solo.

FOCO MUSCULAR

- Reto do abdome
- Transverso do abdome
- Oblíquo externo
- Oblíquo interno
- Serrátil anterior

GUIA DO EXERCÍCIO

ALVO
• Estabilizadores pélvicos

NÃO ACONSELHÁVEL EM CASO DE
• Dor no pescoço
• Dor no cotovelo

2 Inspire, rolando sobre a parte cervical da coluna vertebral. Acione os abdominais inferiores, trazendo o abdome para dentro, e levante os quadris, contraindo os glúteos para proporcionar uma pequena elevação extra.

3 Expire, retornando à posição de equilíbrio. Use os abdominais para desacelerar o impulso enquanto retorna à posição inicial.

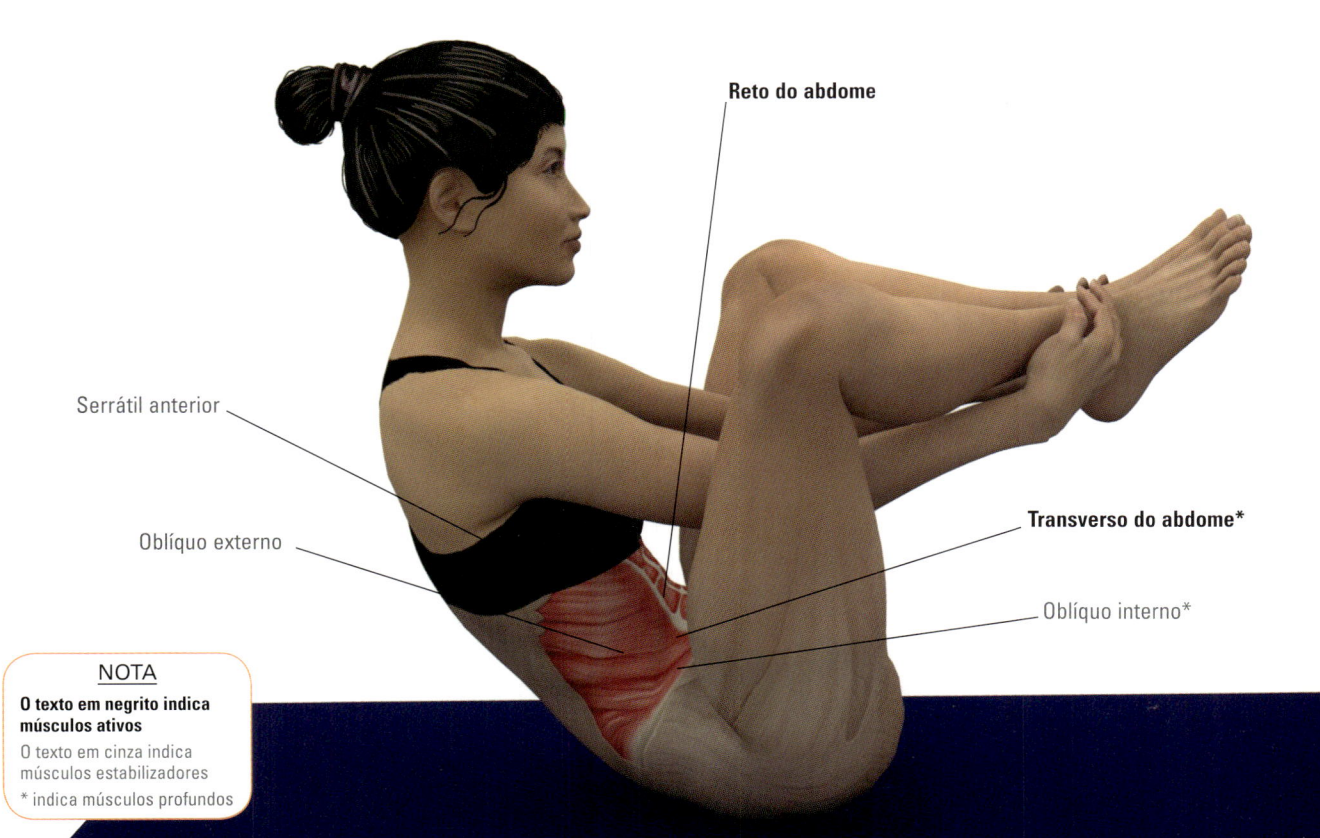

Reto do abdome

Serrátil anterior

Oblíquo externo

Transverso do abdome*

Oblíquo interno*

NOTA
O texto em negrito indica músculos ativos
O texto em cinza indica músculos estabilizadores
* indica músculos profundos

THE SAW (SERROTE)

INTERMEDIÁRIO

Frequentemente, o encurtamento dos músculos das costas e a imobilidade do tronco estão ligados a problemas semelhantes nas pernas. Este exercício libera as costas e os quadris enquanto alonga os músculos posteriores da coxa.

FOCO MUSCULAR

- Bíceps femoral
- Reto femoral
- Oblíquo interno
- Reto do abdome
- Latíssimo do dorso
- Multífidos
- Quadrado do lombo
- Romboides maior e menor

❶ Sente-se ereto com as pernas estendidas e ligeiramente mais afastadas que a largura dos quadris. Leve os braços para os lados em uma posição de T, com as palmas das mãos voltadas para a frente.

GUIA DO EXERCÍCIO

ALVO
- Músculos oblíquos
- Estabilizadores lombares (multífidos)

BENEFÍCIOS
- Aumenta a mobilidade do tronco
- Aumenta a mobilidade da coluna vertebral

NÃO ACONSELHÁVEL EM CASO DE
- Dor nas costas, com dor irradiando para a perna

❷ Inspire, alongando-se o mais alto possível sobre a base da coluna vertebral. Dorsiflexione os tornozelos e os calcanhares para acionar os músculos das pernas.

❸ Expire, levando os quadris para cima e para fora enquanto puxa os abdominais inferiores para dentro e realiza torção do corpo no nível da cintura. Leve então o braço direito até a parte externa da panturrilha esquerda.

FAÇA CORRETAMENTE

PROCURE
• Manter os ombros para baixo e relaxados.

EVITE
• Deixar que os quadris se elevem do *mat* durante o movimento de torção.
• Deixar que os joelhos rodem durante o movimento de alongamento para a frente.

④ Inspire, contraindo o umbigo para dentro em direção à coluna vertebral. Em seguida, expire, levando a mão que está na panturrilha um pouco mais além, mantendo a cabeça baixa e os ombros afastados das orelhas.

⑤ Inspire e retorne à posição com a coluna vertebral ereta. Expire e realize a torção na direção oposta. Repita três vezes de cada lado.

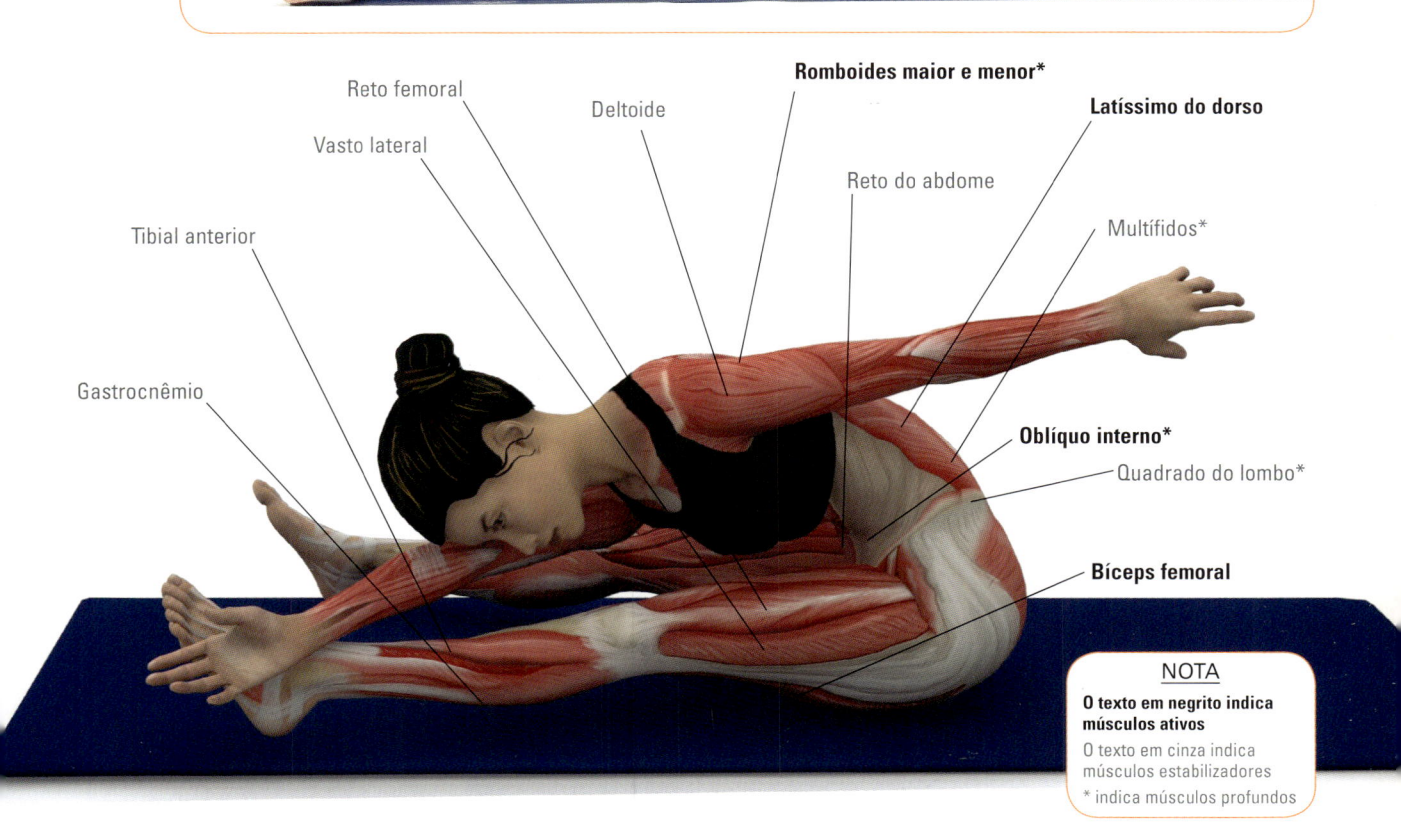

Reto femoral

Vasto lateral

Tibial anterior

Gastrocnêmio

Deltoide

Romboides maior e menor*

Latíssimo do dorso

Reto do abdome

Multífidos*

Oblíquo interno*

Quadrado do lombo*

Bíceps femoral

NOTA
O texto em negrito indica músculos ativos
O texto em cinza indica músculos estabilizadores
* indica músculos profundos

THE CRISSCROSS (CRUZAMENTO)

INTERMEDIÁRIO

Exercitar os músculos oblíquos ajuda a definir a cintura. O exercício *The crisscross* é direcionado para esses músculos, conferindo maior tonificação aos abdominais e maior flexibilidade rotacional às costas.

FAÇA CORRETAMENTE

PROCURE

- Manter o abdome o mais contraído possível. Se você realizar o movimento protraindo o abdome, estará usando os músculos das costas, em vez dos músculos abdominais.
- Manter os cotovelos abertos, não deixando que eles se fechem enquanto você realiza a rotação.
- Fazer com que a rotação seja proveniente do movimento do tronco.

EVITE

- Tensionar o pescoço, usando as mãos para sustentar a cabeça.
- Balançar de um lado para o outro.

❶ Em decúbito dorsal, coloque as mãos atrás da cabeça, levantando as pernas do solo até a posição de mesa.

GUIA DO EXERCÍCIO

ALVO
- Músculos abdominais

BENEFÍCIOS
- Aumenta a estabilidade com o movimento unilateral
- Aumenta a força e a resistência abdominal

NÃO ACONSELHÁVEL EM CASO DE
- Dor no pescoço

FOCO MUSCULAR

- Reto femoral
- Vasto medial
- Sartório
- Tensor da fáscia lata
- Deltoide
- Reto do abdome
- Oblíquo externo
- Oblíquo interno
- Transverso do abdome

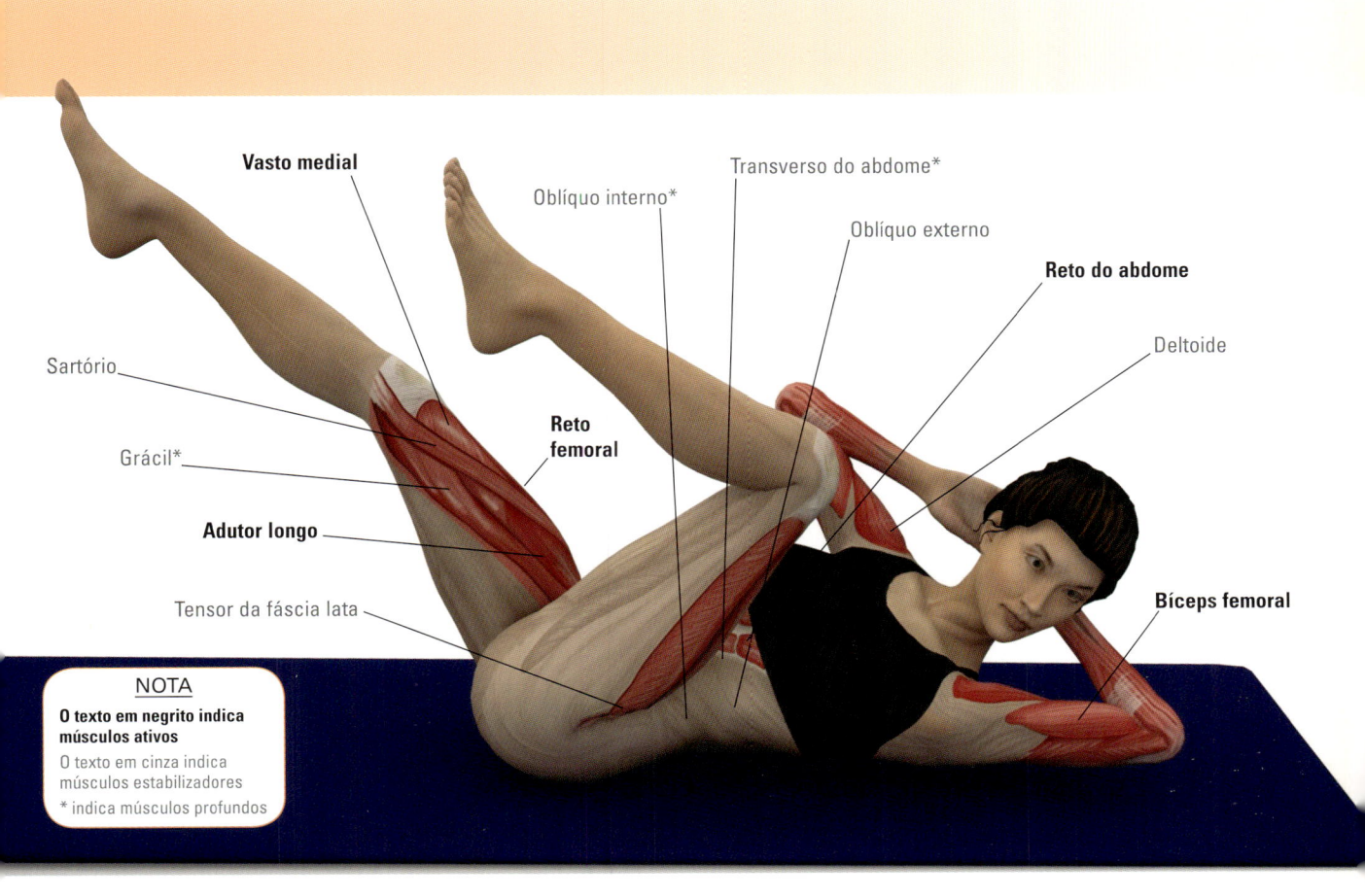

Vasto medial

Oblíquo interno*

Transverso do abdome*

Oblíquo externo

Reto do abdome

Deltoide

Sartório

Grácil*

Reto femoral

Adutor longo

Tensor da fáscia lata

Bíceps femoral

NOTA

O texto em negrito indica músculos ativos

O texto em cinza indica músculos estabilizadores

* indica músculos profundos

3 Alterne os lados. Repita a sequência seis vezes.

2 Suba o tronco e inspire, levando um cotovelo até o joelho oposto e estendendo a outra na frente do corpo. Imagine-se tracionando as escápulas fora do *mat* e girando a partir das costelas e dos músculos oblíquos.

THE SCISSORS (TESOURA)

INTERMEDIÁRIO

The scissors é um dos exercícios de pilates mais conhecidos, principalmente porque tonifica e fortalece os músculos desde o *core* até as pernas.

FOCO MUSCULAR

- Bíceps femoral
- Reto femoral
- Tensor da fáscia lata
- Reto do abdome
- Oblíquo externo
- Deltoide

❶ Deite-se com as costas sobre o *mat*, os braços ao lado do corpo e as pernas levantadas na posição de mesa. Inspire, tracionando o abdome para dentro.

❷ Expire, estendendo as pernas para cima e retirando a cabeça e os ombros do *mat*. Inspire, mantendo a posição enquanto estende as pernas.

❸ Expire, estendendo a perna direita para longe do corpo e elevando a perna esquerda em direção ao tronco. Sustente a perna esquerda com as mãos, bombeando duas vezes e mantendo os ombros para baixo.

❹ Inspire, trocando as pernas no ar, e depois expire, segurando a perna oposta. Estabilize a pelve e a coluna vertebral. Repita a sequência seis a oito vezes em cada perna.

GUIA DO EXERCÍCIO

ALVO
• Músculos abdominais

BENEFÍCIOS
• Aumenta a estabilidade com o movimento unilateral
• Aumenta a força e a resistência dos músculos abdominais

NÃO ACONSELHÁVEL EM CASO DE
• Posteriores da coxa encurtados. Nesse caso, você pode flexionar o joelho que está se movendo em direção ao tórax

FAÇA CORRETAMENTE

PROCURE
• Manter as pernas estendidas o máximo possível.
• Tracionar o umbigo para dentro em direção à coluna vertebral, um pouco além a cada expiração.

EVITE
• Flexionar a perna.

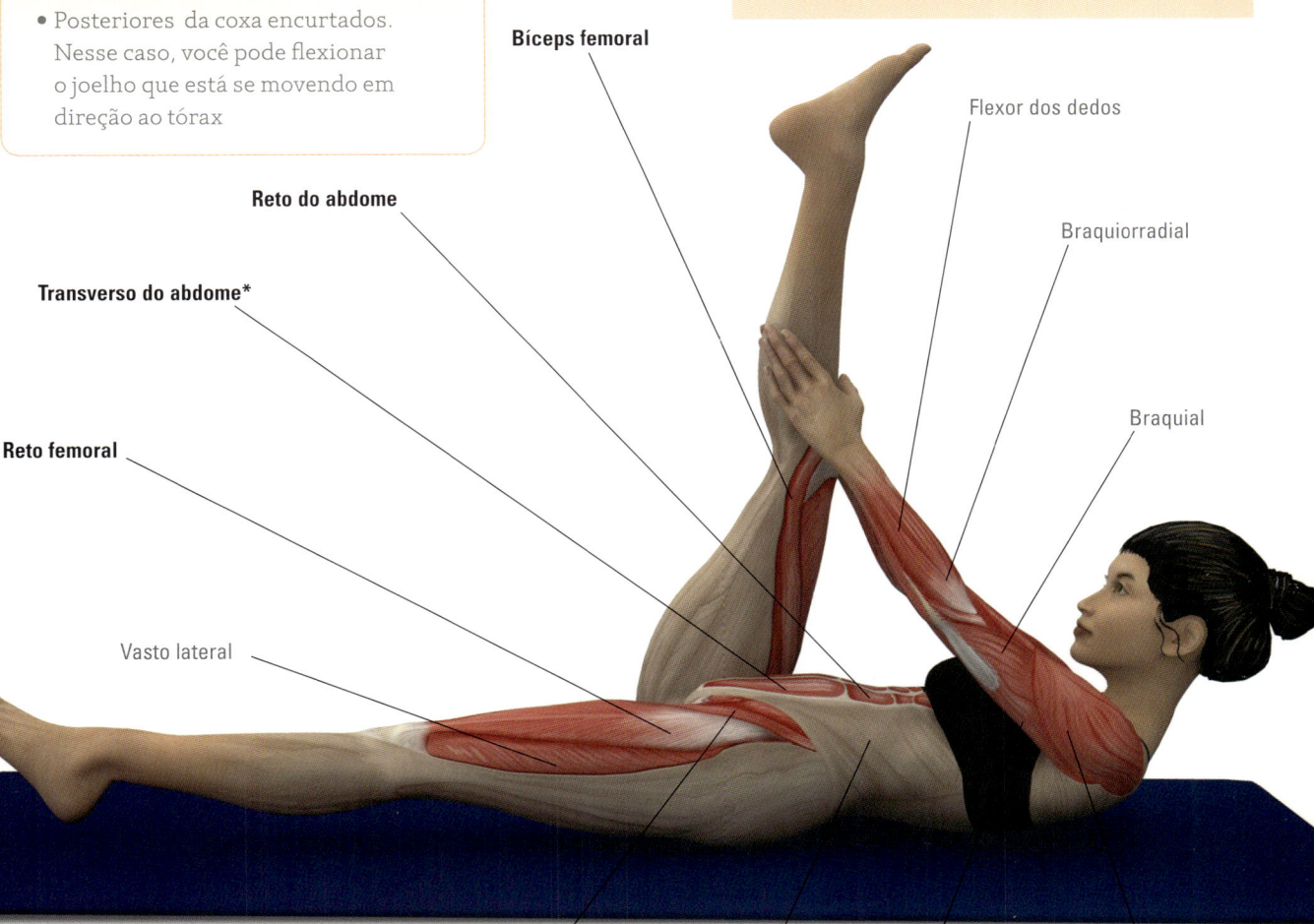

Bíceps femoral

Flexor dos dedos

Reto do abdome

Braquiorradial

Transverso do abdome*

Braquial

Reto femoral

Vasto lateral

Tensor da fáscia lata

Oblíquo externo

Tríceps braquial

Deltoide

NOTA
O texto em negrito indica músculos ativos

O texto em cinza indica músculos estabilizadores

* indica músculos profundos

TEASER I (ABDOMINAL EM V I)

INTERMEDIÁRIO

Ao movimentar as duas pernas juntas, o *Teaser I* é mais desafiador que o exercício *The scissors*. Os músculos abdominais devem ser acionados ao longo de todo o exercício para manter as pernas elevadas do *mat*. Isso melhora imensamente a força abdominal.

FOCO MUSCULAR

- Reto do abdome
- Tensor da fáscia lata
- Reto femoral
- Vasto lateral
- Vasto medial
- Vasto intermédio
- Adutor longo
- Pectíneo
- Braquial

1 Em decúbito dorsal, eleve as pernas em um ângulo entre 45 e 90 graus.

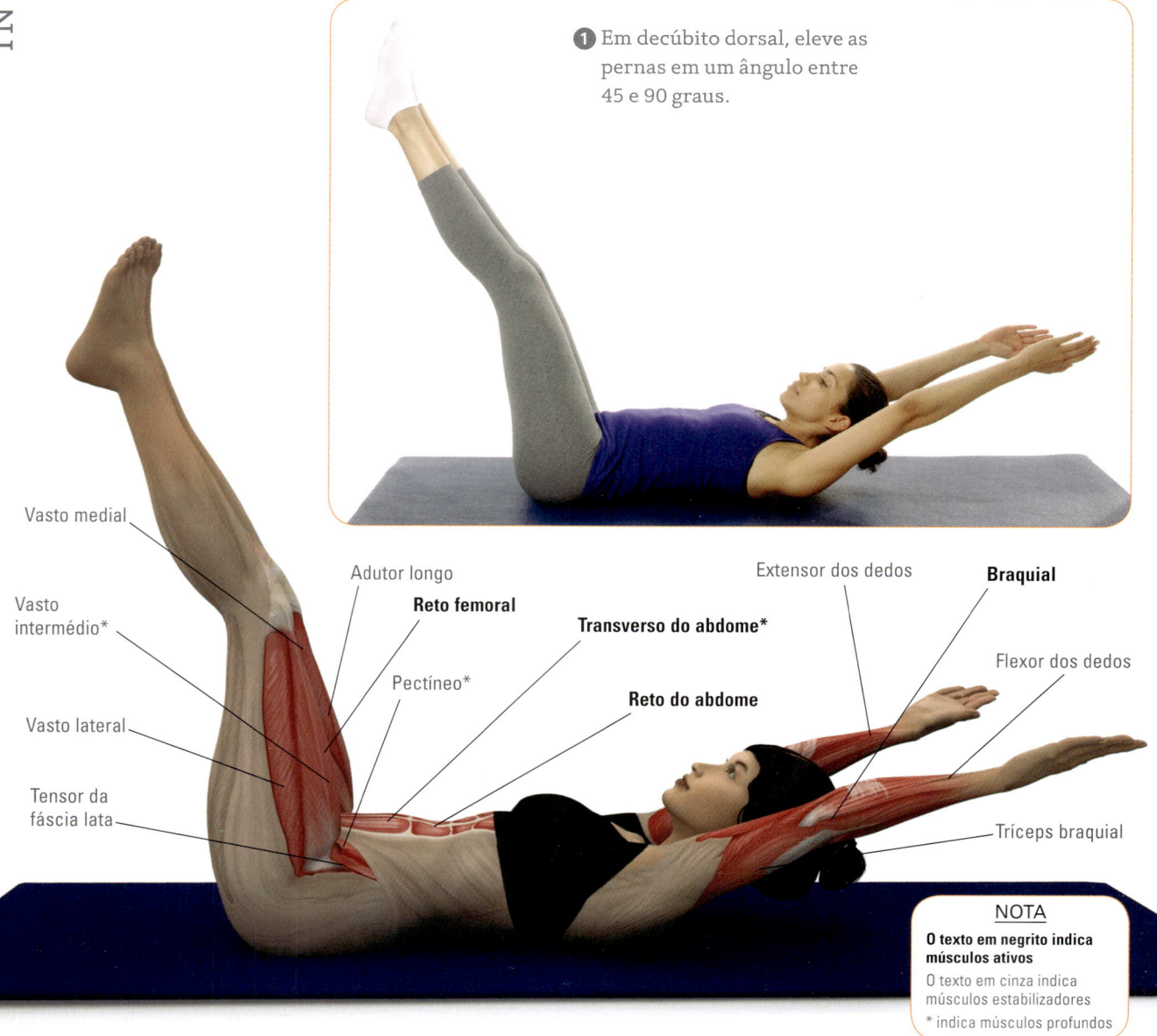

Vasto medial

Vasto intermédio*

Vasto lateral

Tensor da fáscia lata

Adutor longo

Reto femoral

Pectíneo*

Transverso do abdome*

Reto do abdome

Extensor dos dedos

Braquial

Flexor dos dedos

Tríceps braquial

NOTA

O texto em negrito indica músculos ativos

O texto em cinza indica músculos estabilizadores

* indica músculos profundos

2 Inspire ao levar os braços em direção ao teto, conforme levanta a cabeça e os ombros fora do *mat*.

3 Expire e enquanto enrola a coluna vertebral, eleve a caixa torácica do *mat* até um pouco antes do nível de alinhamento dos ísquios.

FAÇA CORRETAMENTE

PROCURE
- Articular toda a coluna vertebral nos movimentos de subida e descida.
- Manter o pescoço alongado e relaxado, minimizando a tensão sobre a parte cervical da coluna vertebral.

EVITE
- Usar impulso para realizar o exercício. Use os músculos abdominais para elevar as pernas e o tronco.

GUIA DO EXERCÍCIO

ALVO
- Músculos abdominais

BENEFÍCIOS
- Fortalece os músculos abdominais enquanto mobiliza a coluna vertebral

NÃO ACONSELHÁVEL EM CASO DE
- Osteoporose avançada
- Hérnia de disco
- Lombalgia

4 Inspire ao levantar os braços acima da cabeça mantendo uma curva em C nas costas. Expire, rolando a coluna para baixo, articulando uma vértebra de cada vez. Retorne à posição inicial.

SIDE KICK I (CHUTE LATERAL I)

INTERMEDIÁRIO

Muitas pessoas se queixam da forma de seus quadris e coxas, procurando uma maneira de melhorar o tônus muscular. Usando o *Side-kicks prep* como base, o *Side kick I* é um exercício perfeito para os músculos mais difíceis de acionar nos membros inferiores. Fará com que as pernas fiquem mais fortes, mais flexíveis e mais tonificadas.

FOCO MUSCULAR

- Tensor da fáscia lata
- Reto femoral
- Vasto lateral
- Sartório
- Adutor longo
- Trato iliotibial
- Bíceps femoral
- Glúteo máximo
- Glúteo médio
- Vasto medial
- Vasto intermédio

❶ Deite-se de lado com ambas as pernas estendidas. Coloque o braço de baixo sob a cabeça como apoio e a outra mão na frente do tronco.

❷ Inspire, elevando a perna de cima até a altura dos quadris.

❸ Faça um movimento de chute para a frente, bombeando duas vezes.

4 Expire, estendendo a perna atrás de você e bombeando duas vezes para trás. Mantenha a estabilidade do tronco, nunca estenda a perna além do ponto de controle.

5 Repita a sequência oito a dez vezes de cada lado.

GUIA DO EXERCÍCIO

ALVO
• Músculos flexores e extensores do quadril

BENEFÍCIOS
• Estabiliza a coluna vertebral enquanto movimenta as pernas

NÃO ACONSELHÁVEL EM CASO DE
• Lesões no ombro
• Lesões no pescoço – se você sofrer de algum problema no pescoço, coloque um travesseiro sob a cabeça para aliviar qualquer dor.

FAÇA CORRETAMENTE

PROCURE
• Alongar as pernas afastando-as do corpo, mantendo-as completamente estendidas em todo o percurso.

EVITE
• Apoiar-se sobre o braço da frente – ele é usado apenas para proporcionar equilíbrio. Acione o *core*.

NOTA
O texto em negrito indica músculos ativos

O texto em cinza indica músculos estabilizadores

* indica músculos profundos

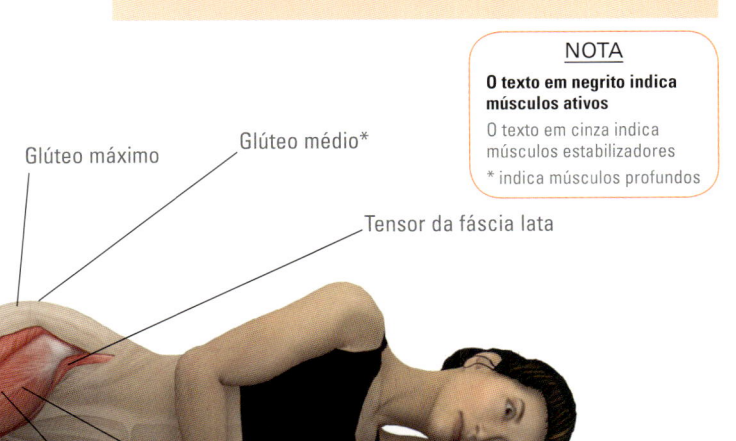

Glúteo máximo

Glúteo médio*

Tensor da fáscia lata

Trato iliotibial

Bíceps femoral

Vasto lateral

Vasto intermédio*

Vasto medial

Sartório

Adutor longo

Reto femoral

SIDE PASSÉ (PASSÉ LATERAL)

INTERMEDIÁRIO

O *Side passé* é um exercício de elevação da perna que tonifica os glúteos e a região externa da coxa. Estender as pernas alonga e fortalece os músculos, enquanto os músculos do *core* são acionados para manter o tronco estável. Você vai sentir e ver os resultados quase imediatamente.

FOCO MUSCULAR

- Glúteo máximo
- Bíceps femoral
- Reto femoral
- Vasto medial
- Adutor magno
- Adutor longo
- Reto do abdome
- Oblíquo externo
- Tensor da fáscia lata
- Vasto lateral

1 Deite-se de lado com as pernas uma sobre a outra alinhadas ao tronco. Coloque a mão de baixo sob a cabeça para apoiá-la e a outra mão na frente do tronco.

2 Inspire, flexionando a perna de cima com o joelho apontando para o teto. Tente não apoiar a planta do pé na perna de baixo.

GUIA DO EXERCÍCIO

BENEFÍCIOS
- Fortalece os quadris, os glúteos e a parte externa das coxas

NÃO ACONSELHÁVEL EM CASO DE
- Dor nas costas
- Dor no quadril

3 Estenda a perna de cima, apontando os dedos dos pés em direção ao teto.

FAÇA CORRETAMENTE

PROCURE

- Descarregar o peso no *mat* por meio da mão, para ajudar a manter o equilíbrio.
- Manter o corpo reto e alinhado.
- Manter o pescoço alongado.

EVITE

- Tensionar o pescoço.

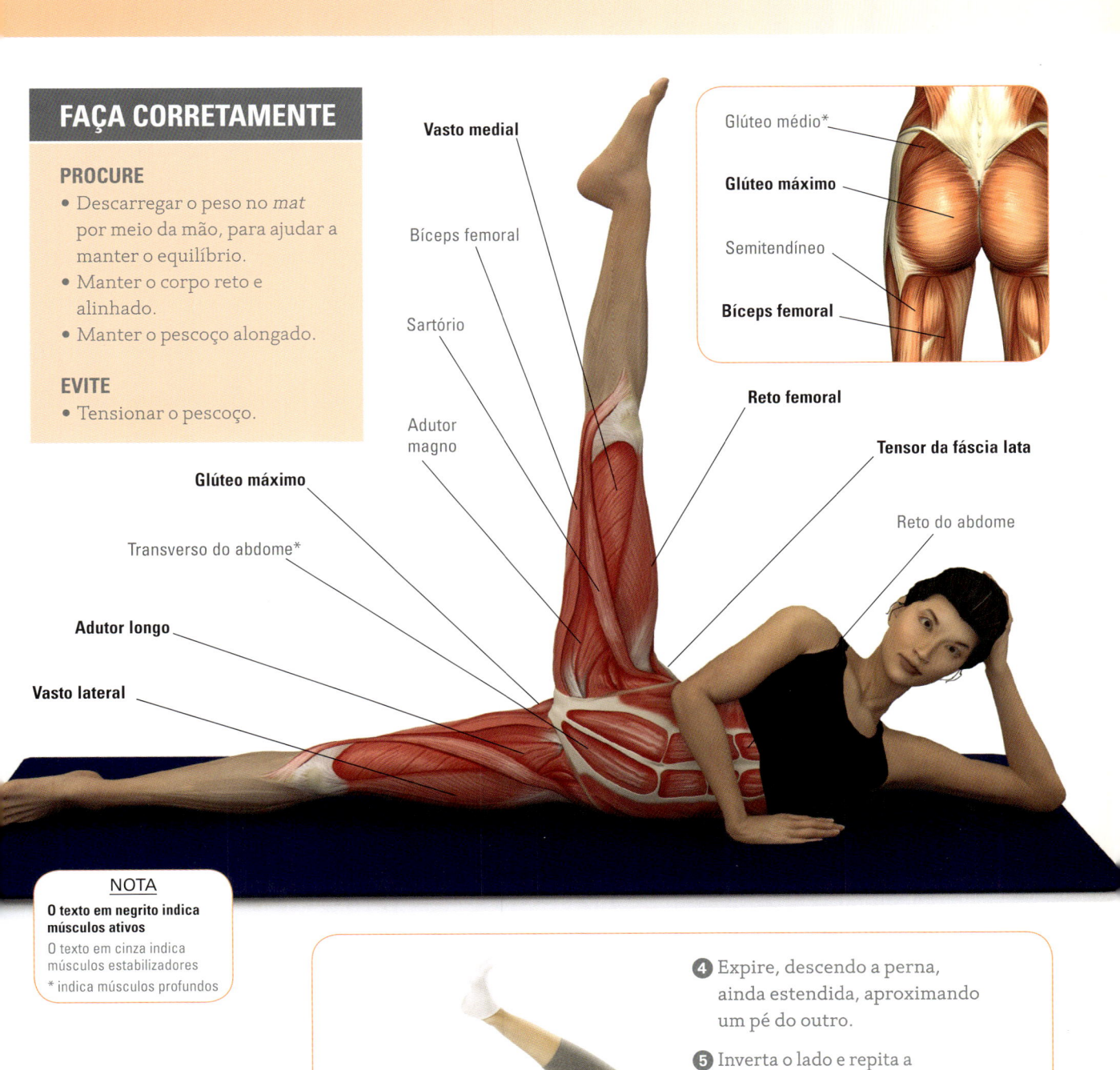

Vasto medial

Bíceps femoral

Sartório

Adutor magno

Glúteo máximo

Transverso do abdome*

Adutor longo

Vasto lateral

Glúteo médio*

Glúteo máximo

Semitendíneo

Bíceps femoral

Reto femoral

Tensor da fáscia lata

Reto do abdome

NOTA

O texto em negrito indica músculos ativos

O texto em cinza indica músculos estabilizadores

* indica músculos profundos

❹ Expire, descendo a perna, ainda estendida, aproximando um pé do outro.

❺ Inverta o lado e repita a sequência quatro vezes.

BICYCLE KICK (CHUTE EM BICICLETA)

INTERMEDIÁRIO

Uma variação do *Side leg kick*, o *Bicycle kick* adiciona uma flexão ao movimento do joelho que imita a flexão utilizada ao andar de bicicleta. A manutenção de um movimento lento e controlado é uma parte importante na realização correta deste exercício.

FOCO MUSCULAR

- Reto do abdome
- Oblíquo externo
- Reto femoral
- Tensor da fáscia lata
- Vasto lateral
- Adutor magno
- Adutor longo
- Bíceps femoral
- Glúteo máximo

❶ Deite-se de lado, colocando a mão de baixo sob a cabeça, para apoiá-la, e a outra mão na frente do tronco. As pernas devem estar unidas uma sobre a outra e alinhadas ao tronco.

FAÇA CORRETAMENTE

PROCURE
- Descarregar o peso no *mat* por meio da mão, para ajudar a manter o equilíbrio.
- Manter o corpo reto e alinhado.
- Manter o pescoço alongado e relaxado.

❷ Levante a perna de cima até a altura dos quadris. Coloque o pé dessa perna em ponta (tornozelo em flexão plantar) e conduza a perna para a frente, levando-a até onde conseguir, mantendo a estabilidade do tronco.

GUIA DO EXERCÍCIO

BENEFÍCIOS
- Fortalece os quadris, os glúteos e a parte externa das coxas

NÃO ACONSELHÁVEL EM CASO DE
- Dor nas costas
- Dor no quadril

<u>NOTA</u>
O texto em negrito indica músculos ativos
O texto em cinza indica músculos estabilizadores
* indica músculos profundos

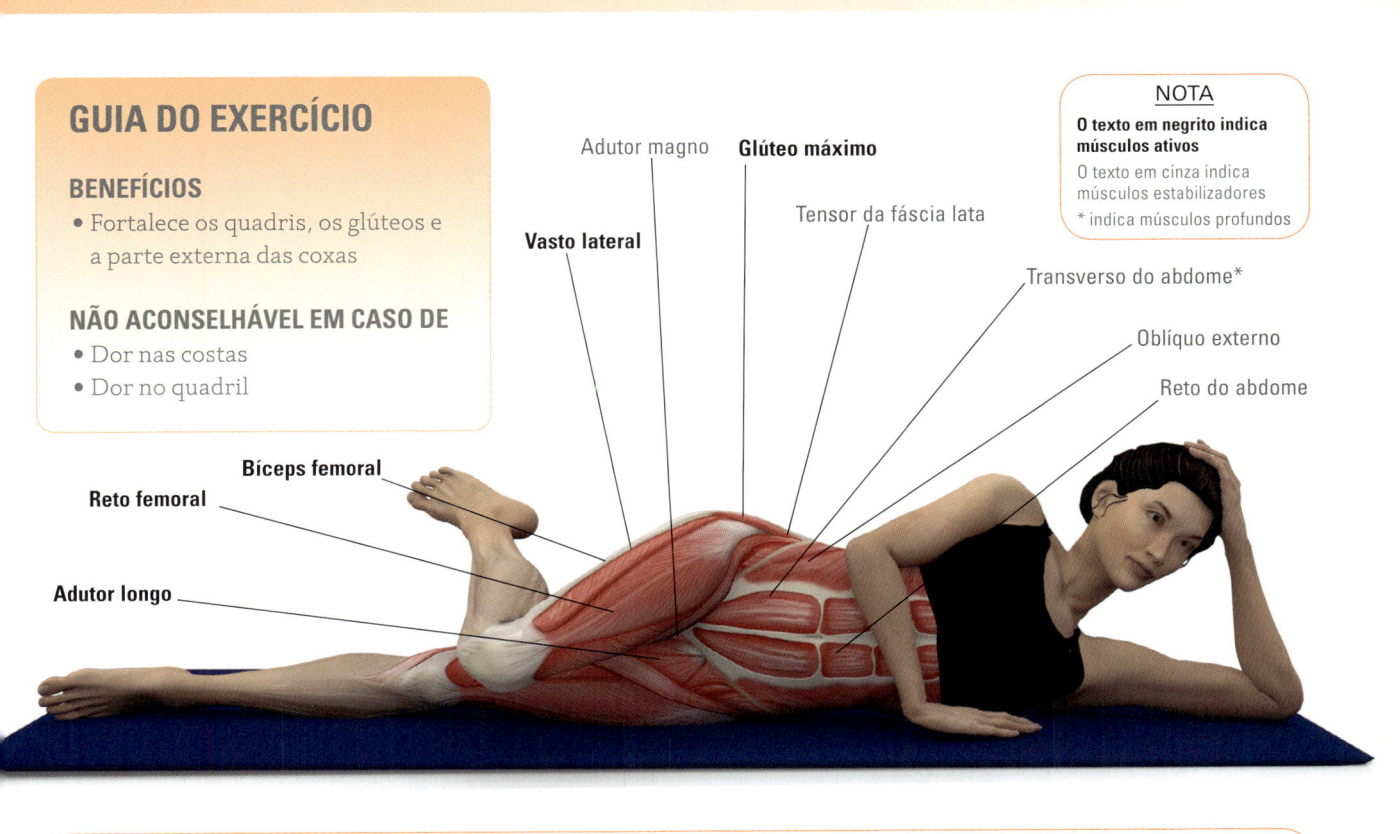

Adutor magno · **Glúteo máximo** · Tensor da fáscia lata · Transverso do abdome* · Oblíquo externo · Reto do abdome · **Vasto lateral** · **Bíceps femoral** · Reto femoral · Adutor longo

3 Flexione o joelho e leve a perna para trás, como se estivesse pedalando uma bicicleta.

4 Repita três vezes antes de trocar de lado.

THE ROLL-UP (ROLAMENTO PARA CIMA)

INTERMEDIÁRIO

Pratique o controle sobre as pernas e os quadris ao mesmo tempo em que trabalha os músculos abdominais. *The roll-up* é um exercício clássico de pilates que trabalha os músculos abdominais de modo efetivo, tonificando-os muito mais rápido até mesmo que os exercícios abdominais tradicionais.

FOCO MUSCULAR

- Reto do abdome
- Reto femoral
- Adutor longo
- Tensor da fáscia lata
- Transverso do abdome
- Oblíquo externo

1 Em decúbito dorsal, posicione as pernas estendidas e aduzidas, com os tornozelos em dorsiflexão.

2 Inspire levando os braços para a frente, mantendo os ombros para baixo. Expire, alongando suavemente a parte de trás do pescoço, e eleve a cabeça e os ombros. Retire a coluna do *mat*, tracionando o umbigo para dentro em direção à coluna.

3 Expire, enrolando a coluna em todo o trajeto de subida até a posição sentada, arredondando as costas e alinhando-se a partir da cintura.

4 Inspire e comece a rolar para baixo. Expire, deixando que a região lombar da coluna vertebral toque o *mat* em primeiro lugar, articulando a coluna vertebral por todo o trajeto de descida, enquanto mantém a extensão até os calcanhares.

5 Repita quatro a seis vezes.

GUIA DO EXERCÍCIO

ALVO
• Músculos abdominais

BENEFÍCIOS
• Fortalece os músculos abdominais ao mesmo tempo em que mobiliza a coluna vertebral

NÃO ACONSELHÁVEL EM CASO DE
• Hérnia de disco

NOTA
O texto em negrito indica músculos ativos
O texto em cinza indica músculos estabilizadores
* indica músculos profundos

FAÇA CORRETAMENTE

PROCURE
• Realizar o exercício lentamente para diminuir o movimento da pelve.

EVITE
• Levantar os ombros para ajudar na elevação do tronco.
• Levantar as pernas do *mat* ao realizar o movimento de enrolar a coluna para cima.

Bíceps braquial
Tríceps braquial
Deltoide
Adutor longo
Oblíquo externo
Reto femoral
Reto do abdome
Tensor da fáscia lata
Transverso do abdome*

SINGLE-LEG KICK (CHUTE COM UMA PERNA)

INTERMEDIÁRIO

Use o abdome em conjunto com as pernas para fortalecer os posteriores da coxa. Durante a realização do *Single-leg kick*, a coluna deve permanecer ereta, ágil e o mais alongada possível.

FOCO MUSCULAR

- Bíceps femoral
- Adutor magno
- Glúteo máximo
- Semimembranáceo
- Semitendíneo
- Reto do abdome
- Oblíquo externo
- Transverso do abdome

GUIA DO EXERCÍCIO

ALVO
- Posteriores da coxa

BENEFÍCIOS
- Aumenta a estabilidade pélvica com a extensão dos quadris

NÃO ACONSELHÁVEL EM CASO DE
- Lombalgia
- Problemas em flexionar os joelhos

❶ Em decúbito ventral sobre o *mat*, posicione os braços flexionados e os cotovelos diretamente sob os ombros. Estenda as pernas e mantenha-as unidas em adução.

❷ Inspire, trazendo o umbigo em direção à coluna vertebral. Expire, flexionando um joelho. Coloque o pé em ponta e bombeie a perna flexionada oito vezes.

FAÇA CORRETAMENTE

PROCURE
- Contrair os músculos abdominais durante todo o exercício.
- Manter o tórax aberto.
- Levar o cóccix em direção ao solo.
- Manter os ombros e as escápulas para baixo.

EVITE
- Deixar que a parte lombar da coluna vertebral ceda.
- Fazer muita força para chutar.

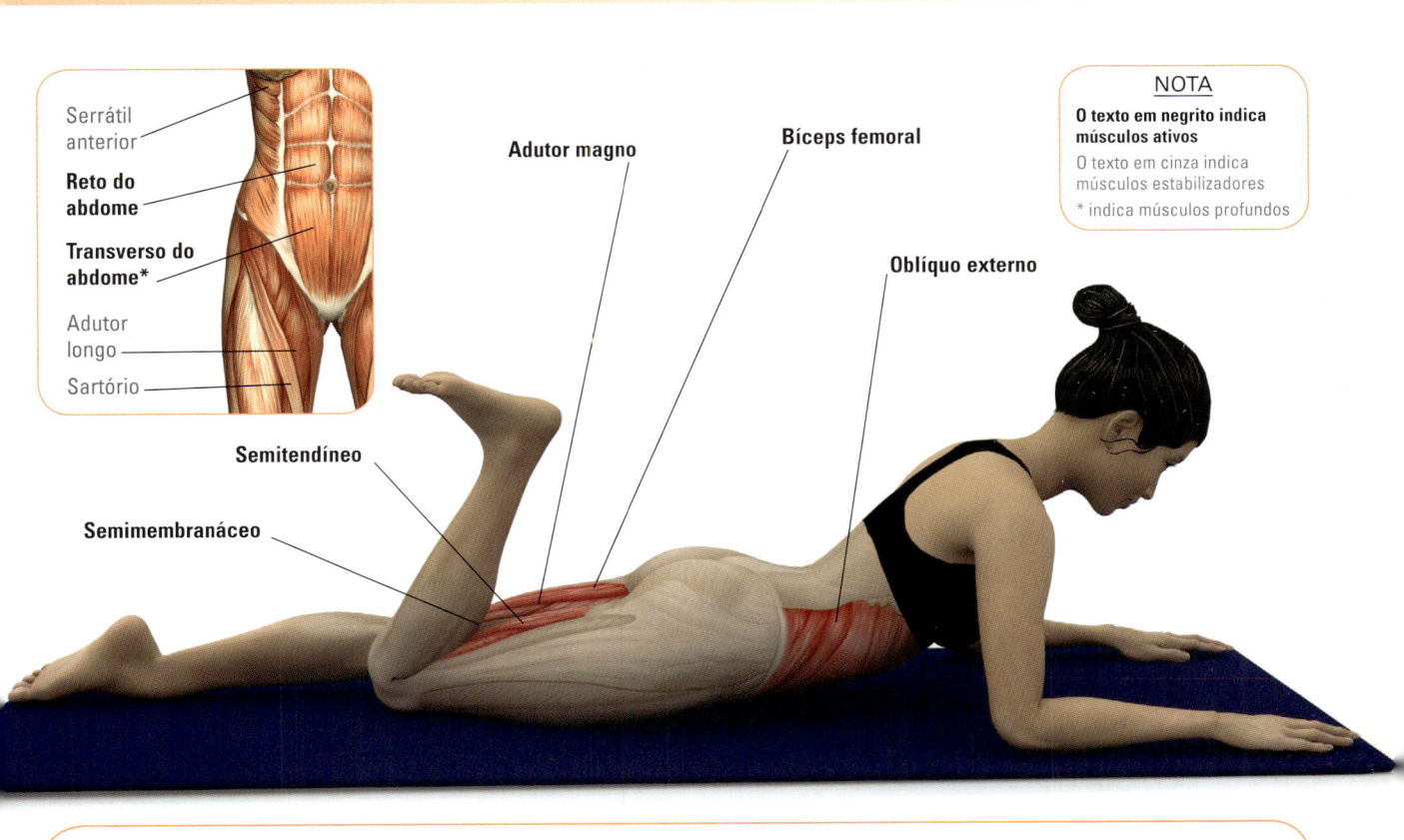

Serrátil anterior

Reto do abdome

Transverso do abdome*

Adutor longo

Sartório

Semitendíneo

Semimembranáceo

Adutor magno

Bíceps femoral

Oblíquo externo

❸ Expire e então dorsiflexione o tornozelo e bombeie mais oito vezes.

❹ Inspire, estenda a perna flexionada sobre o *mat* ao lado da outra perna. Expire, flexionando a perna oposta e repita.

❺ Repita toda a sequência seis a oito vezes.

PLANK PRESS-UP (FLEXÃO EM PRANCHA)

INTERMEDIÁRIO

O *Plank press-up* proporciona um treino intenso para os braços e os ombros. Neste exercício, você deve depender do equilíbrio e do controle para evitar a hiperextensão dos ombros. Realize o exercício em um ritmo tal que os ombros permaneçam abertos e não cedam bruscamente.

FOCO MUSCULAR

- Deltoide
- Romboides maior e menor
- Reto do abdome
- Bíceps braquial
- Tríceps braquial
- Tensor da fáscia lata
- Reto femoral
- Transverso do abdome
- Oblíquo interno
- Serrátil anterior
- Tibial anterior

❶ Deitado no *mat* com os antebraços alinhados abaixo do tórax, pressione o corpo para cima na posição de prancha, mantendo o corpo em extensão até os calcanhares.

FAÇA CORRETAMENTE

PROCURE
- Manter o pescoço alongado.

EVITE
- Deixar que a parte lombar da coluna vertebral ceda.
- Deixar que os ombros cedam nas articulações dos ombros.

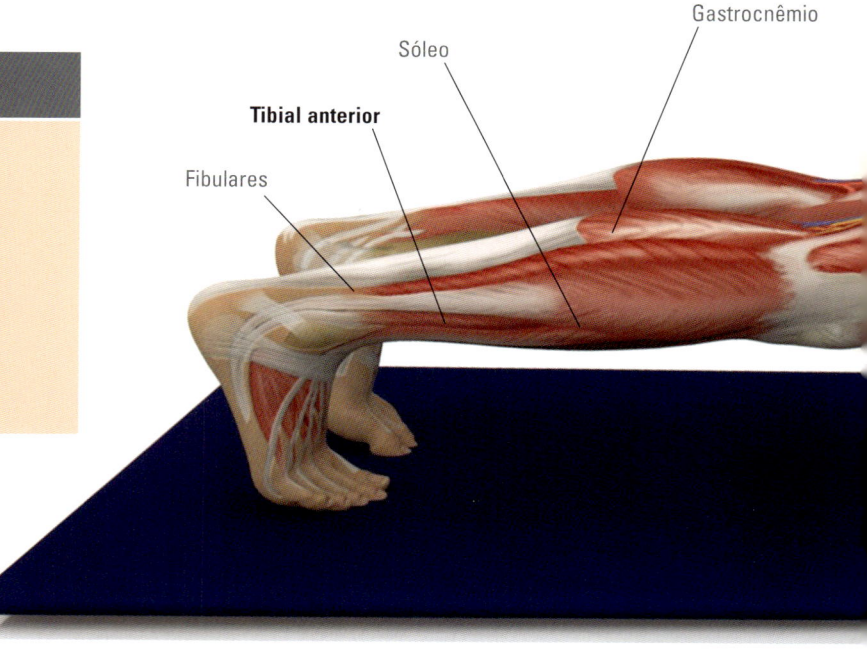

Gastrocnêmio

Sóleo

Tibial anterior

Fibulares

GUIA DO EXERCÍCIO

ALVO
• Estabilizadores da escápula
• Estabilidade do *core*

NÃO ACONSELHÁVEL EM CASO DE
• Lesão no ombro
• Dor intensa nas costas

2 Faça força sobre os antebraços para trazer os ombros para cima, em direção ao teto. Com controle, abaixe o tronco até sentir as escápulas se aproximando nas costas.

3 Repita cinco vezes.

Serrátil anterior

Reto do abdome

Transverso do abdome*

Oblíquo interno

Quadrado do lombo*

Serrátil anterior

Redondo maior

Romboides maior e menor

Glúteo máximo

Tensor da fáscia lata

Vasto lateral

Reto femoral

Deltoide

Braquial

Bíceps braquial

Flexor dos dedos

Tríceps braquial

NOTA
O texto em negrito indica músculos ativos
O texto em cinza indica músculos estabilizadores
* indica músculos profundos

ROLLOVER/HIP UP (ROLAMENTO PARA TRÁS/ELEVAÇÃO DOS QUADRIS)

INTERMEDIÁRIO

Pratique o controle sobre as pernas e os quadris enquanto fortalece os músculos abdominais. O *Rollover/hip up* alonga as costas e os posteriores da coxa e, ao mesmo tempo, aciona os músculos abdominais. A cabeça e as vértebras superiores devem permanecer estáveis sobre o *mat*, possibilitando que a coluna vertebral seja precisamente articulada para cima e para baixo.

FOCO MUSCULAR

- Bíceps femoral
- Reto femoral
- Reto do abdome
- Transverso do abdome
- Oblíquo externo
- Oblíquo interno
- Deltoide

❶ Posicione-se em decúbito dorsal sobre o *mat* com os braços ao lado do corpo.

GUIA DO EXERCÍCIO

ALVO
- Músculos abdominais

BENEFÍCIOS
- Fortalece os músculos abdominais ao elevar a parte inferior do corpo e aumenta a mobilidade da coluna vertebral

NÃO ACONSELHÁVEL EM CASO DE
- Problemas cervicais
- Hérnia de disco

❷ Inspire, levantando as pernas até que estejam perpendiculares ao solo.

FAÇA CORRETAMENTE

PROCURE
- Pressionar os braços sobre o *mat* para obter uma potência adicional.
- Se tiver dificuldades em manter as pernas pressionadas uma contra a outra, cruze-as antes de realizar o movimento.

EVITE
- Levantar a cabeça do *mat*.
- Abaixar de uma só vez, em vez de desenrolar vértebra por vértebra.

③ Expire, levando as pernas para trás em direção à cabeça. Enrole a parte lombar da coluna vertebral e a caixa torácica fora do *mat*, estendendo as pernas até que estejam paralelas ao solo.

④ Inspire, eleve as pernas até a altura do quadril e expire abaixando a coluna vertebral, articulando uma vértebra de cada vez de volta à posição inicial. Repita a sequência quatro a seis vezes.

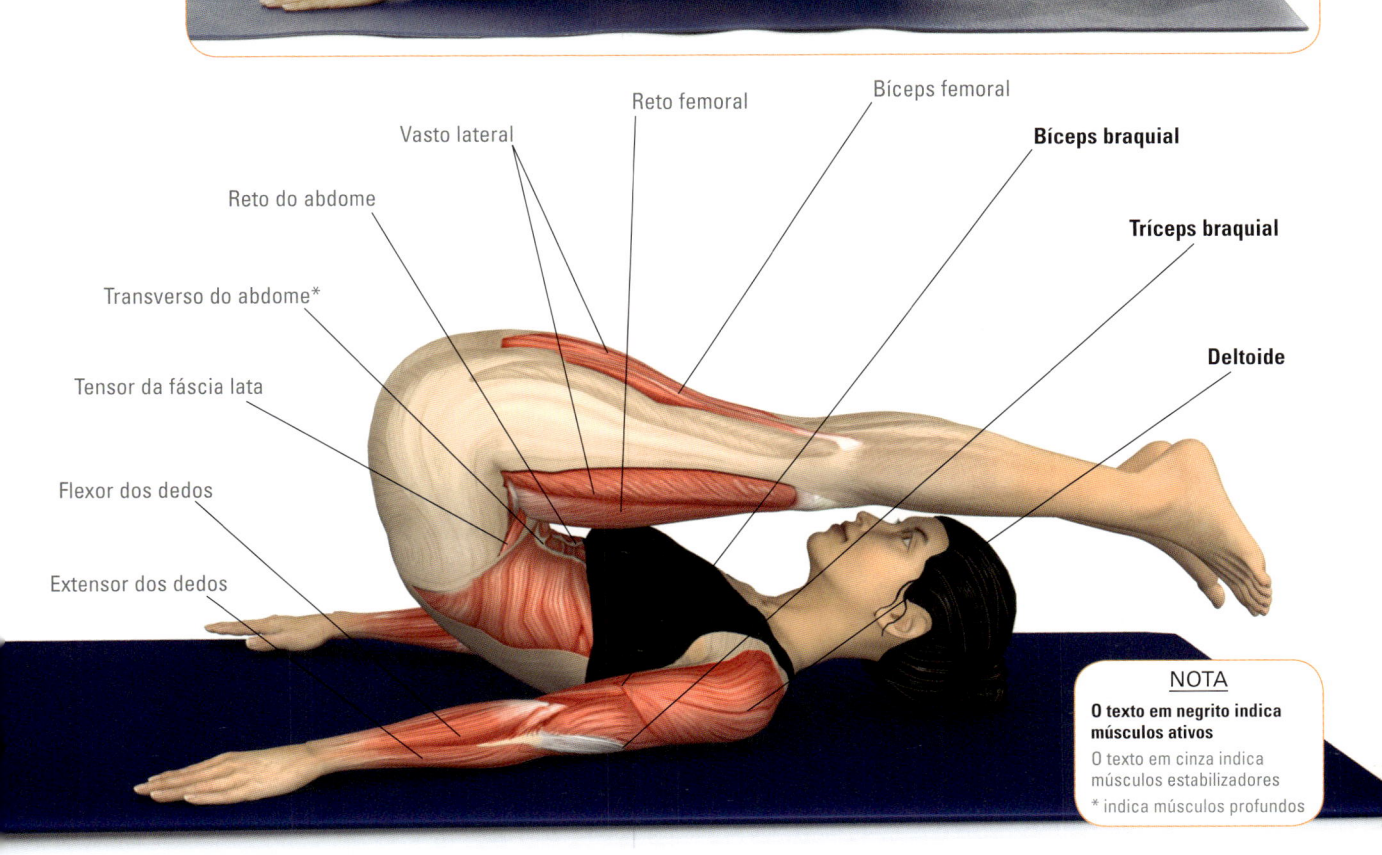

Reto femoral

Bíceps femoral

Vasto lateral

Bíceps braquial

Reto do abdome

Tríceps braquial

Transverso do abdome*

Deltoide

Tensor da fáscia lata

Flexor dos dedos

Extensor dos dedos

NOTA

O texto em negrito indica músculos ativos

O texto em cinza indica músculos estabilizadores

* indica músculos profundos

THE MERMAID (SEREIA)

INTERMEDIÁRIO

Focando no tórax e nas costas, *The mermaid* prepara o cenário para um alongamento completo, envolvendo grande parte da porção superior do corpo. Este exercício alonga e fortalece os músculos oblíquos da região lateral do corpo que formam a cintura. Isso ajuda a eliminar o excesso de saliências ao redor dessa região – os chamados "pneuzinhos" – e qualquer gordurinha ao redor da porção mediana do corpo. Certifique-se de encontrar uma posição confortável antes de começar, para que o tronco fique livre para se mover.

FOCO MUSCULAR

- Reto do abdome
- Transverso do abdome
- Oblíquo interno
- Oblíquo externo
- Latíssimo do dorso

❶ Sente-se em um dos lados do corpo, com os joelhos fletidos e as pernas uma sobre a outra. Coloque sobre os tornozelos a mão do mesmo lado para o qual direcionou as pernas. Inspire, levando a mão oposta em direção ao teto.

❷ Expire, levando o braço de cima em direção aos tornozelos, tracionando o umbigo em direção à coluna vertebral e girando ligeiramente o tronco para trás.

❸ Inspire, retornando à posição inicial. Repita do outro lado.

GUIA DO EXERCÍCIO

BENEFÍCIOS
- Alonga a coluna vertebral e todo o tronco
- Abre o tórax e os músculos tensionados das costas

NÃO ACONSELHÁVEL EM CASO DE
- Dor intensa nas costas
- Dor nos quadris localizada profundamente nas articulações

FAÇA CORRETAMENTE

PROCURE
- Levar o braço de baixo o máximo possível para trás a fim de abrir o tórax e alcançar um alongamento máximo.

EVITE
- Dor no joelho na posição inicial. Se você sentir dor, pode se sentar sobre um travesseiro ou estender a perna de cima para o lado.

Reto do abdome

Oblíquo externo

Oblíquo interno*

Transverso do abdome*

Latíssimo do dorso

NOTA
O texto em negrito indica músculos ativos

O texto em cinza indica músculos estabilizadores

* indica músculos profundos

SWIMMING (NATAÇÃO)

INTERMEDIÁRIO

Neste divertido exercício, é possível acionar os mesmos músculos usados durante a natação – ou seja, quase todos os músculos do corpo – sem entrar na piscina. Usando o *mat* para estabilizar-se, concentre-se em realizar um alongamento prolongado e completo dos braços e das pernas. Ao retirar a cabeça e os ombros do *mat*, alongue também a coluna vertebral.

FOCO MUSCULAR

- Glúteo máximo
- Bíceps femoral
- Quadrado do lombo
- Romboides maior e menor
- Latíssimo do dorso
- Eretor da espinha

❶ Posicione-se em decúbito ventral no *mat* com as pernas afastadas na largura do quadril. Estenda os braços paralelamente ao *mat*, ao lado das orelhas. Inspire, contraindo o assoalho pélvico e levando o umbigo em direção à coluna vertebral.

GUIA DO EXERCÍCIO

ALVO
- Extensores da coluna vertebral
- Extensores do quadril

BENEFÍCIOS
- Fortalece os extensores do quadril e da coluna vertebral
- Desafia a estabilização da coluna vertebral em rotação

NÃO ACONSELHÁVEL EM CASO DE
- Lombalgia
- Cifose acentuada
- Hiperlordose da coluna vertebral

❷ Expire, estendendo a parte cervical da coluna vertebral enquanto simultaneamente eleva o braço esquerdo e a perna direita. Levante a cabeça e os ombros do *mat*.

❸ Inspire, abaixando o braço e a perna de volta à posição inicial, mantendo os membros em uma posição alongada o tempo todo.

FAÇA CORRETAMENTE

PROCURE
- Estender os membros o máximo possível em direções opostas.
- Contrair os glúteos e tracionar o umbigo em direção à coluna vertebral do começo ao fim do exercício.
- Alongar e relaxar o pescoço.

EVITE
- Elevar os ombros em direção às orelhas.

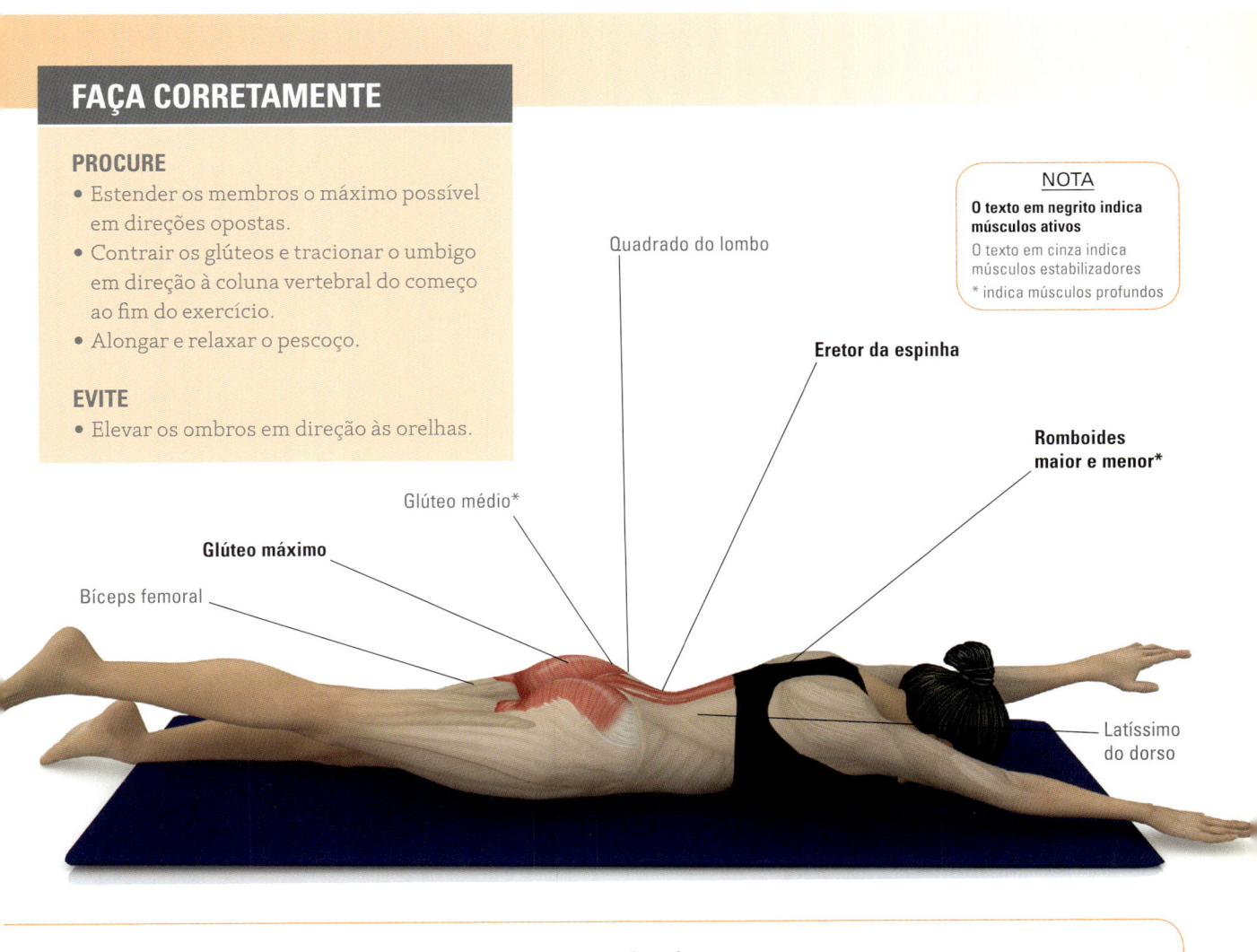

NOTA

O texto em negrito indica músculos ativos

O texto em cinza indica músculos estabilizadores

* indica músculos profundos

Quadrado do lombo

Eretor da espinha

Romboides maior e menor*

Glúteo médio*

Glúteo máximo

Bíceps femoral

Latíssimo do dorso

4️⃣ Expire, estendendo e retirando o braço e a perna opostos do solo, alongando e elevando a cabeça e os ombros do *mat*.

5️⃣ Inspire, alongando os membros enquanto retorna à posição inicial. Repita seis a oito vezes.

SIDE BEND I (INCLINAÇÃO LATERAL I)

INTERMEDIÁRIO

O *Side bend I* é um exercício clássico de pilates que visa fortalecer o *core* e aumentar a flexibilidade da coluna. Mantendo a coluna reta e alinhada até os quadris, transfere-se o peso a partir dos braços e da parte superior do corpo, evitando uma tensão desnecessária. Os ombros são particularmente vulneráveis neste exercício – mantenha-os apoiados e estáveis.

FAÇA CORRETAMENTE

PROCURE
• Elevar os quadris para aliviar um pouco do peso que está sobre a parte superior do corpo.
• Alongar os membros, tanto quanto possível.

EVITE
• Deixar que os úmeros afundem na cavidade glenoidal e que os ombros se elevem em direção às orelhas.

❶ Posicione-se de lado com um braço para baixo e flexionado, alinhando o cotovelo sob o ombro. Coloque o outro braço sobre a perna de cima. As pernas, paralelas, são fortemente pressionadas uma contra a outra em adução, com os tornozelos flexionados. Inspire e leve o umbigo em direção à coluna vertebral.

GUIA DO EXERCÍCIO

ALVO
• Abdutores e adutores do quadril
• Latíssimo do dorso
• Músculos peitorais

NÃO ACONSELHÁVEL EM CASO DE
• Lesão do manguito rotador
• Problemas no pescoço

BENEFÍCIOS
• Estabiliza a coluna na posição neutra, com o apoio do cíngulo do membro superior

FOCO MUSCULAR

- Adutor magno
- Latíssimo do dorso
- Peitoral menor
- Peitoral maior
- Tríceps braquial
- Oblíquo externo
- Oblíquo interno
- Glúteo médio

NOTA

O texto em negrito indica músculos ativos

O texto em cinza indica músculos estabilizadores

* indica músculos profundos

2 Expire, pressione o cotovelo e eleve os quadris do *mat*, criando uma linha reta entre os calcanhares e a cabeça. Inspire, retornando lentamente à posição inicial. Repita a sequência cinco a seis vezes, mantendo as pernas tensionadas e os glúteos contraídos.

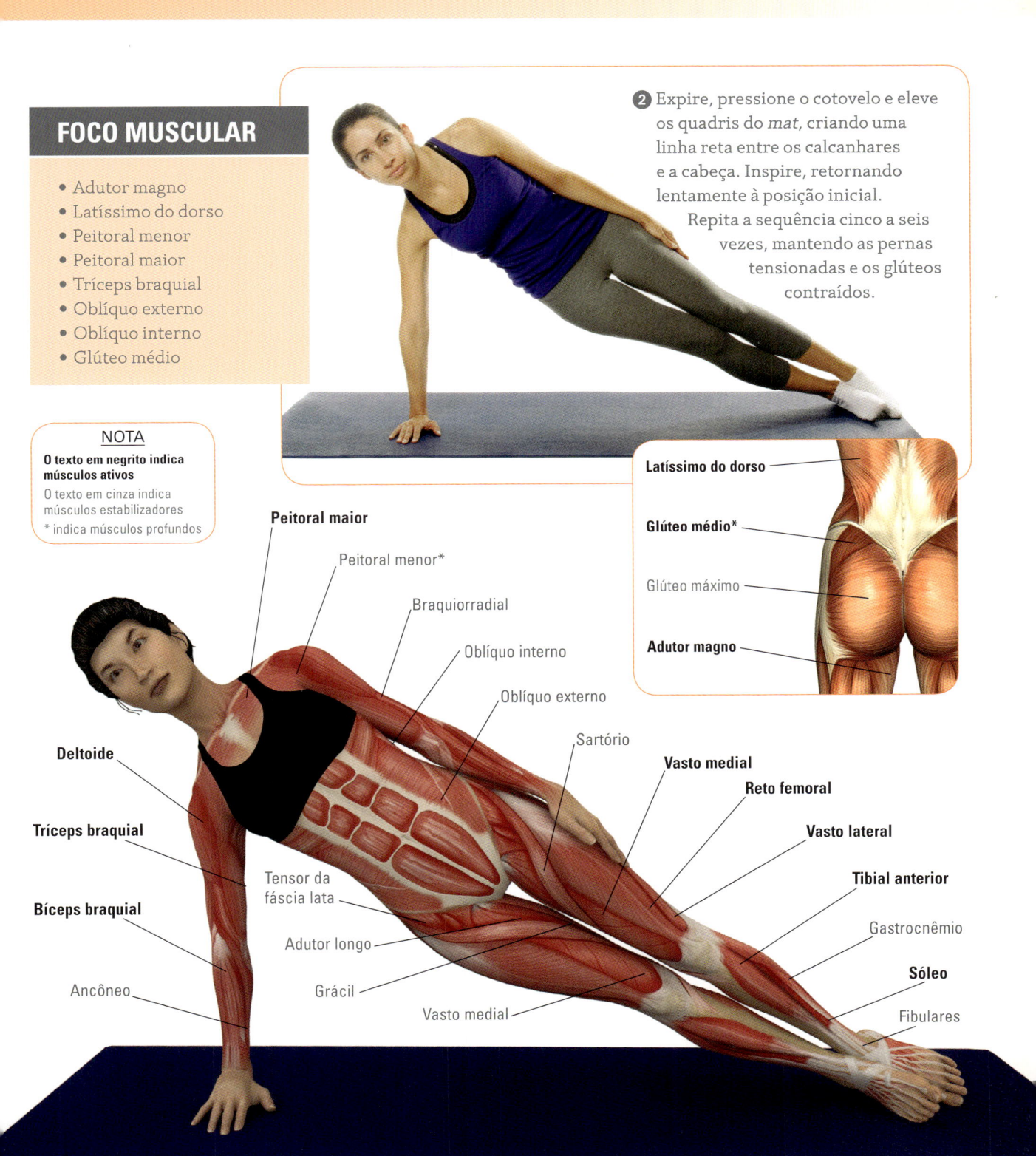

Peitoral maior

Peitoral menor*

Braquiorradial

Oblíquo interno

Oblíquo externo

Sartório

Vasto medial

Reto femoral

Vasto lateral

Tibial anterior

Gastrocnêmio

Sóleo

Fibulares

Vasto medial

Grácil

Adutor longo

Tensor da fáscia lata

Ancôneo

Bíceps braquial

Tríceps braquial

Deltoide

Latíssimo do dorso

Glúteo médio*

Glúteo máximo

Adutor magno

BRIDGE II (PONTE II)

INTERMEDIÁRIO

O *Bridge II* é outro exercício clássico de pilates que fortalece de modo eficaz os músculos abdominais e posteriores da coxa. Para alcançar a posição de ponte, as costas e o tronco precisam fazer muita força. A estabilidade nos quadris também é fundamental, para possibilitar uma flexibilidade completa nas pernas.

FOCO MUSCULAR

- Glúteo médio
- Glúteo máximo
- Reto do abdome
- Transverso do abdome
- Quadrado do lombo
- Semitendíneo
- Semimembranáceo
- Bíceps femoral
- Iliopsoas
- Reto femoral
- Sartório
- Tensor da fáscia lata
- Pectíneo
- Adutor longo
- Adutor curto
- Grácil

❶ Posicione-se em decúbito dorsal no *mat*, com os braços ao lado do corpo e alongados em direção aos pés. Os joelhos devem estar flexionados, com os pés sobre o *mat*. Inspire para se preparar.

❷ Expire, levantando os quadris e a coluna do solo, criando uma linha alongada dos joelhos aos ombros. Mantenha o peso distribuído sobre os pés.

FAÇA CORRETAMENTE

PROCURE
- Manter a estabilidade nos quadris e no tronco durante todo o exercício. Se necessário, sustente-se colocando as mãos sob os quadris enquanto está na posição da ponte.
- Manter o abdome contraído e os glúteos tensionados.

EVITE
- Forçar as costas, estendendo--as além do nível dos quadris.
- Levantar os quadris alto demais, de modo a deslocar o peso para o pescoço.

❸ Inspire, trazendo o joelho esquerdo em direção ao tórax, com os dedos dos pés em ponta.

❹ Expire, mantendo os dedos dos pés em ponta, e abaixe a perna até que os dedos toquem o *mat*. Certifique-se de manter a pelve nivelada.

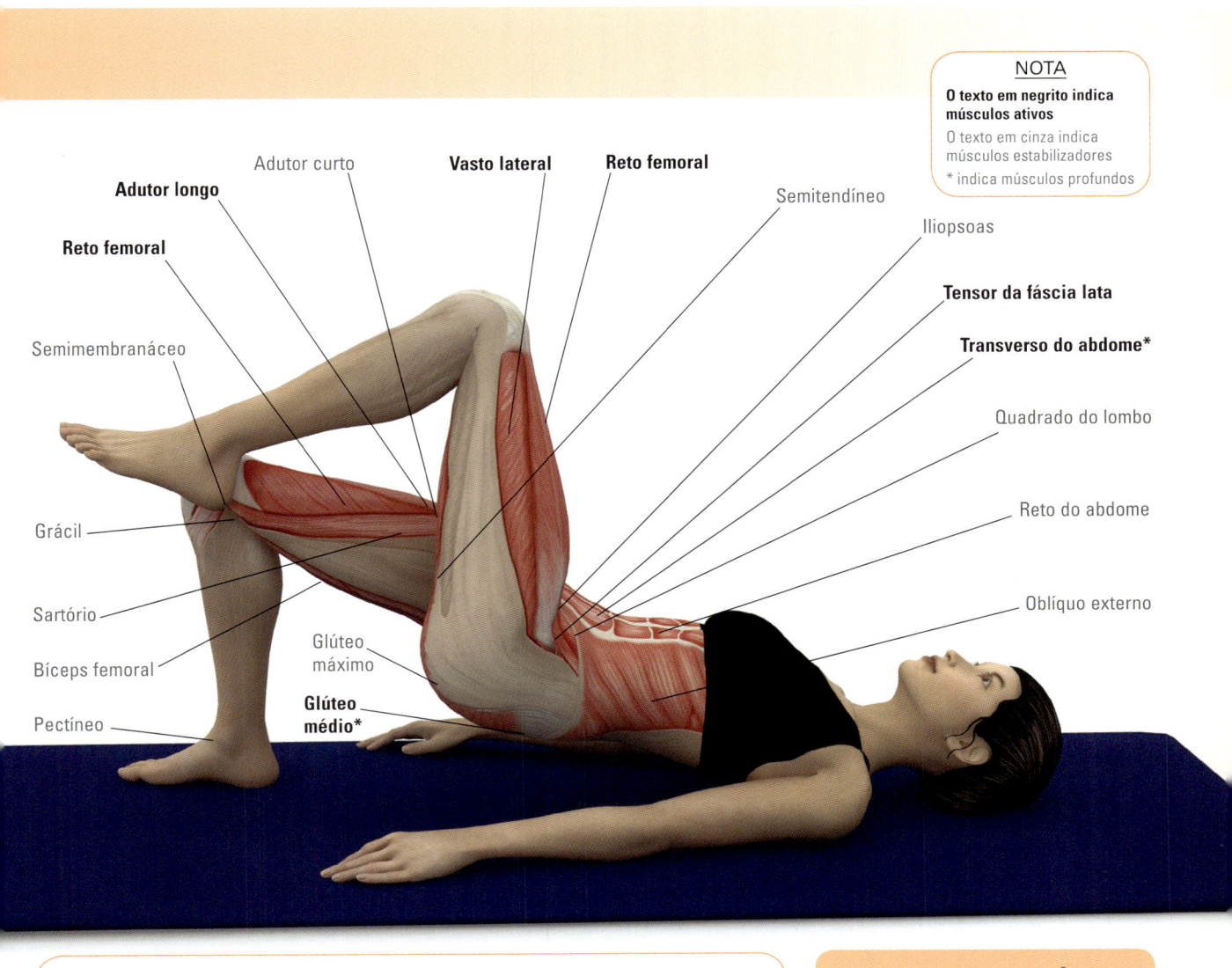

Adutor longo

Adutor curto

Vasto lateral

Reto femoral

Semitendíneo

Iliopsoas

Tensor da fáscia lata

Transverso do abdome*

Reto femoral

Semimembranáceo

Quadrado do lombo

Reto do abdome

Grácil

Oblíquo externo

Sartório

Glúteo máximo

Bíceps femoral

Glúteo médio*

Pectíneo

⑤ Inspire, trazendo o joelho esquerdo em direção ao tórax novamente. Repita a sequência quatro a cinco vezes.

⑥ Abaixe a perna esquerda sobre o *mat*, alterne as pernas e faça o exercício com a perna direita. Repita a sequência quatro a cinco vezes.

GUIA DO EXERCÍCIO

ALVO
• Músculos extensores do quadril

BENEFÍCIOS
• Aumenta a estabilidade da pelve e da coluna vertebral
• Aumenta a resistência dos flexores do quadril

NÃO ACONSELHÁVEL EM CASO DE
• Problemas no pescoço
• Lesões graves no joelho

NECK PULL (ABDOMINAL COM FLEXÃO DO PESCOÇO)

Uma versão mais avançada do exercício *Roll-up*, o *Neck pull* se baseia em princípios que você já domina, para focar nos músculos abdominais e fortalecê-los. Apoie-se no tronco para movimentar o corpo em uma curva em C, enrolando lentamente a coluna vertebral para cima e depois de volta para baixo.

FOCO MUSCULAR

- Glúteo médio
- Glúteo máximo
- Reto do abdome
- Transverso do abdome
- Quadrado do lombo
- Semitendíneo
- Semimembranáceo
- Bíceps femoral
- Iliopsoas
- Reto femoral
- Sartório
- Tensor da fáscia lata
- Pectíneo
- Adutor longo
- Adutor curto
- Grácil

1 Posicione-se em decúbito dorsal no *mat*, com as mãos atrás da cabeça e os cotovelos flexionados e abduzidos. As pernas devem estar estendidas e ligeiramente afastadas uma da outra.

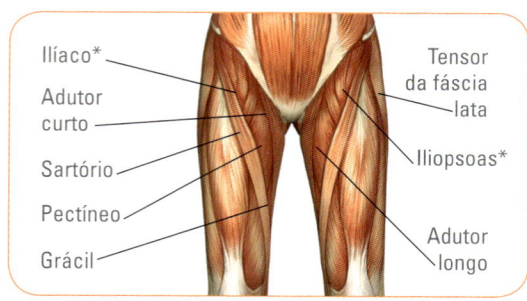

Ilíaco*
Adutor curto
Sartório
Pectíneo
Grácil
Tensor da fáscia lata
Iliopsoas*
Adutor longo

2 Inspire, alongando a parte de trás do pescoço e contraindo os músculos abdominais para curvar a cabeça e os ombros e retirá-los do *mat*.

NOTA
O texto em negrito indica músculos ativos
O texto em cinza indica músculos estabilizadores
* indica músculos profundos

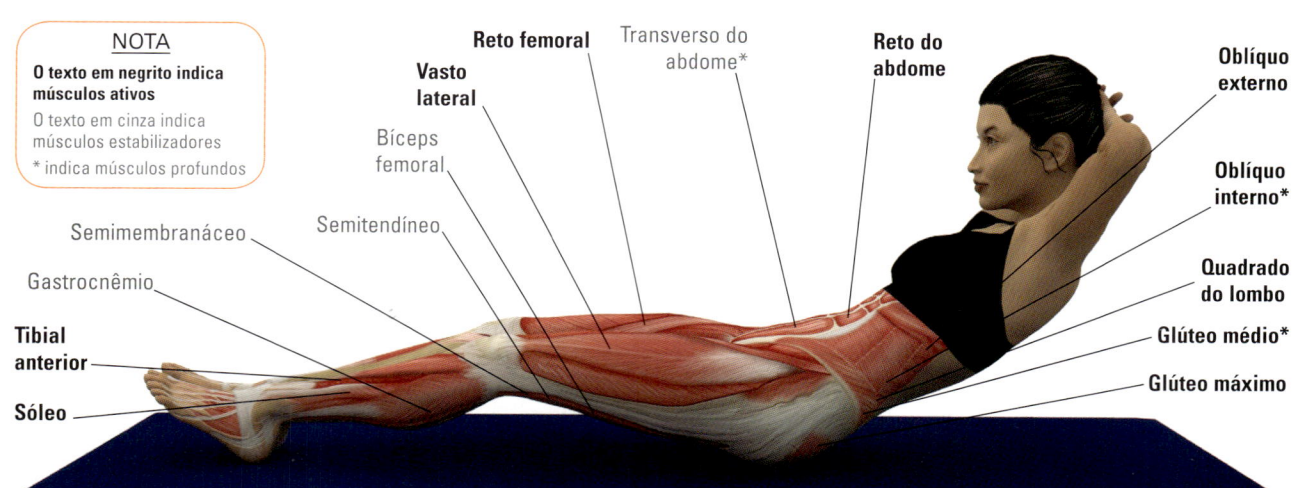

Reto femoral
Vasto lateral
Bíceps femoral
Transverso do abdome*
Reto do abdome
Oblíquo externo
Oblíquo interno*
Quadrado do lombo
Glúteo médio*
Glúteo máximo
Semimembranáceo
Semitendíneo
Gastrocnêmio
Tibial anterior
Sóleo

FAÇA CORRETAMENTE

PROCURE
- Concentrar-se no abdome durante todo o exercício, enquanto articula a coluna.
- O *Neck pull* é uma versão mais avançada do *Roll-up*; por isso, faça a progressão de um exercício para outro no seu ritmo.
- Manter o pescoço alongado e relaxado.

EVITE
- Puxar o pescoço (apesar do nome do exercício).

③ Expire, levando o umbigo em direção à coluna e conduzindo primeiramente a cabeça. Articule a parte superior do corpo, enquanto retira o tronco do *mat* e o conduz em direção aos joelhos, criando uma curva em C nas costas.

④ Inspire, desenrolando a coluna até alcançar a posição neutra, sentando-se ereto e formando uma linha reta dos quadris aos ombros.

GUIA DO EXERCÍCIO

ALVO
- Músculos abdominais

BENEFÍCIOS
- Mobiliza a coluna vertebral em flexão
- Fortalece os músculos abdominais

NÃO ACONSELHÁVEL EM CASO DE
- Problemas cervicais
- Hérnia de disco

⑤ Expire e role para baixo, começando pela pelve, contraindo bem os abdominais até retornar à posição inicial. Repita a sequência quatro a seis vezes.

THE HUNDRED II (CEM II)

INTERMEDIÁRIO

Esta versão mais avançada do exercício *The hundred* é indicada para aumentar a resistência e aperfeiçoar a técnica respiratória. Certifique--se de que os abdominais estejam devidamente acionados antes de iniciar o movimento dos braços e realizar a repetição.

FOCO MUSCULAR

- Reto do abdome
- Glúteo máximo
- Deltoide
- Bíceps braquial
- Tríceps braquial
- Extensor dos dedos
- Esternocleidomastóideo

1 Posicione-se em decúbito dorsal no solo, com os braços estendidos ao lado do corpo. As pernas devem estar unidas em adução, com os joelhos fletidos e elevados na posição de mesa.

2 Inspire, usando os músculos abdominais para levantar a cabeça, o pescoço e os ombros, enquanto alonga os braços.

FAÇA CORRETAMENTE

PROCURE
- Inspirar pelo nariz e expirar pela boca, concentrando-se em sua respiração durante o exercício.

EVITE
- Guiar o movimento com a cabeça; mantenha o pescoço alongado e relaxado, contraindo os músculos abdominais para que eles sustentem a posição.

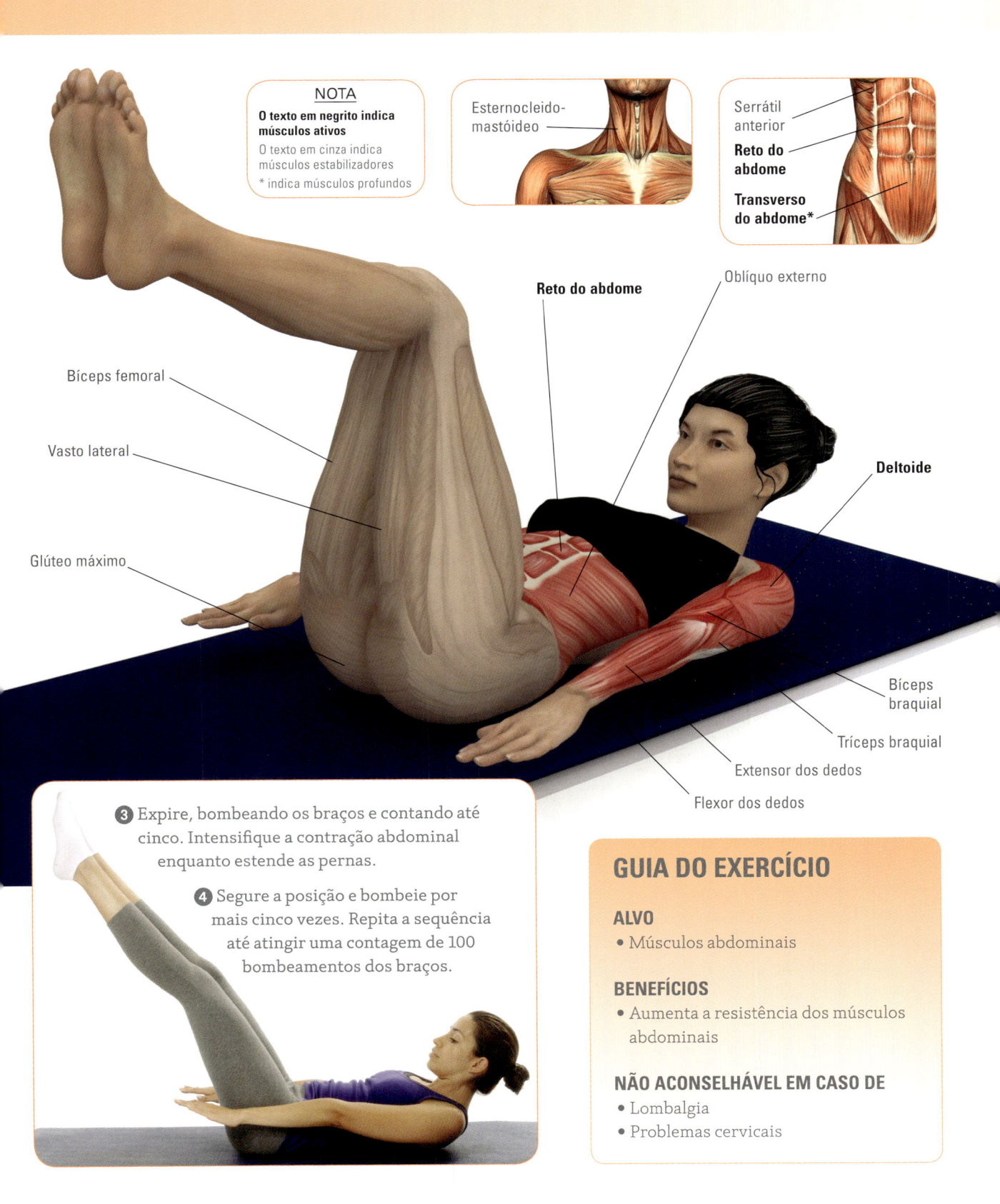

NOTA

O texto em negrito indica músculos ativos

O texto em cinza indica músculos estabilizadores

* indica músculos profundos

Esternocleido-mastóideo

Serrátil anterior

Reto do abdome

Transverso do abdome*

Oblíquo externo

Reto do abdome

Bíceps femoral

Vasto lateral

Glúteo máximo

Deltoide

Bíceps braquial

Tríceps braquial

Extensor dos dedos

Flexor dos dedos

3 Expire, bombeando os braços e contando até cinco. Intensifique a contração abdominal enquanto estende as pernas.

4 Segure a posição e bombeie por mais cinco vezes. Repita a sequência até atingir uma contagem de 100 bombeamentos dos braços.

GUIA DO EXERCÍCIO

ALVO
• Músculos abdominais

BENEFÍCIOS
• Aumenta a resistência dos músculos abdominais

NÃO ACONSELHÁVEL EM CASO DE
• Lombalgia
• Problemas cervicais

EXEMPLOS DE SEQUÊNCIAS DE NÍVEL INTERMEDIÁRIO

INTERMEDIÁRIO

Este grupo de exercícios utiliza o trabalho de base desenvolvido a partir da seção iniciante e incorpora técnicas e movimentos mais elaborados. Você deve ser capaz de realizar estes exercícios com precisão e controle para evitar lesões e proporcionar a si mesmo o máximo de benefícios do treino. Realize cada exercício quatro a seis vezes. Siga as dicas de respiração enquanto realiza os movimentos; elas estão incluídas não só para ajudar no recrutamento muscular adequado, mas também para propiciar um fluxo aos movimentos. Recomenda-se

DESENVOLVENDO UM *CORE* MELHOR I

The mermaid

Plank with leg lift

Leg pull-back

The saw

The seal

The scissors

The roll-up

Rollover/hip up

Bridge II

The hundred II

Side kick II

Bicycle kick

Side passé

Single-leg kick

Child's pose

Alongamentos

Hip flexor stretch

Quadriceps stretch

Spine stretch I

Piriformis stretch

realizar os alongamentos após cada treino a fim de melhorar a flexibilidade global e o alongamento muscular. A série de exercícios intermediários concentra-se na flexão da coluna vertebral. A cabeça é levantada em vários destes exercícios, um movimento que depende do acionamento dos músculos abdominais. Se você sentir dor no pescoço ao realizar os exercícios, comece a série com uma toalha dobrada sob a cabeça para fornecer suporte adicional até que você domine a ação de levantar o tronco utilizando os abdominais – não o pescoço.

DESENVOLVENDO UM *CORE* MELHOR II

Plank with leg lift

The roll-up

Neck pull

The hundred II

The crisscross

Teaser I

The scissors

Rollover/hip up

Side bend I

Plank press-up

Single-leg kick

Swimming

Child's pose

Bridge II

The seal

Alongamentos

ITB stretch

Soleus stretch

Lumbar stretch

Latissimus dorsi stretch

THE TWIST (TORÇÃO)

AVANÇADO

The twist é uma maneira abrangente de trabalhar o corpo todo, ao mesmo tempo em que desafia o controle e o equilíbrio. Este exercício confere uma atenção especial aos músculos do ombro e aos abdominais e também ajuda a definir a cintura.

FOCO MUSCULAR

- Latíssimo do dorso
- Reto do abdome
- Oblíquo interno
- Oblíquo externo
- Adutor magno
- Adutor longo
- Deltoide
- Transverso do abdome

1 Inicie sobre o seu lado direito, com as pernas estendidas e firmemente pressionadas uma contra a outra. Posicione a mão direita logo abaixo do ombro e pressione o corpo para cima em uma prancha lateral com equilíbrio sobre o braço direito na lateral.

2 Inspire, levando o umbigo para dentro em direção à coluna, pressionando os quadris e, em seguida, elevando o braço esquerdo conforme mostrado.

GUIA DO EXERCÍCIO

ALVO
- Ombro
- Músculos abdominais

BENEFÍCIOS
- Exercita o corpo todo
- Desenvolve a resistência

NÃO ACONSELHÁVEL EM CASO DE
- Problemas no ombro
- Dor nas costas
- Lesão no punho

3 Expire e cruze o braço esquerdo sobre o tórax, girando a parte superior do tronco em direção ao *mat*.

FAÇA CORRETAMENTE

PROCURE
- Alongar os membros o máximo possível.
- Manter a estabilidade do ombro.
- Elevar bastante os quadris para reduzir a quantidade de peso sobre a parte superior do corpo.

EVITE
- Deixar que o úmero afunde na cavidade glenoidal.

Latíssimo do dorso
Reto do abdome
Oblíquo externo
Deltoide
Oblíquo interno*
Trato iliotibial
Tensor da fáscia lata
Pectíneo*
Sartório
Grácil
Reto femoral
Braquial
Tríceps braquial
Vasto lateral
Bíceps braquial
Transverso do abdome*
Sóleo
Braquiorradial
Adutor longo
Tibial anterior
Extensor dos dedos
Vasto medial
Flexor dos dedos
Fibulares

NOTA
O texto em negrito indica músculos ativos
O texto em cinza indica músculos estabilizadores
* indica músculos profundos

4 Em seguida, inspire e leve o braço esquerdo de volta para cima, como no passo 2, retornando à posição de prancha. Repita a sequência quatro a seis vezes e depois troque de lado.

SIDE KICK II (CHUTE LATERAL II)

AVANÇADO

Excelente para tonificar a parte inferior do corpo, o *Side kick II* também é a maneira perfeita de se concentrar na coluna vertebral e promover a estabilidade. Estes movimentos exemplificam o princípio de articular – desafie-se a tornar cada chute um movimento suave e isolado.

FAÇA CORRETAMENTE

PROCURE
• Pressionar o peso contra o solo com o cotovelo.
• Manter o pescoço alongado e relaxado.

EVITE
• Deixar que os quadris e o corpo se movam para a frente e para trás enquanto as pernas estão em movimento.

1 Deite-se de lado, com os cotovelos flexionados e as mãos atrás da cabeça. As pernas devem inicialmente ficar unidas e paralelas. Inspire, levantando a perna de cima até a altura do quadril.

2 Chute para a frente com a perna de cima, bombeando duas vezes.

3 Expire, balançando a perna para trás do quadril. Levante o tronco do *mat*, mantendo a estabilidade da coluna vertebral.

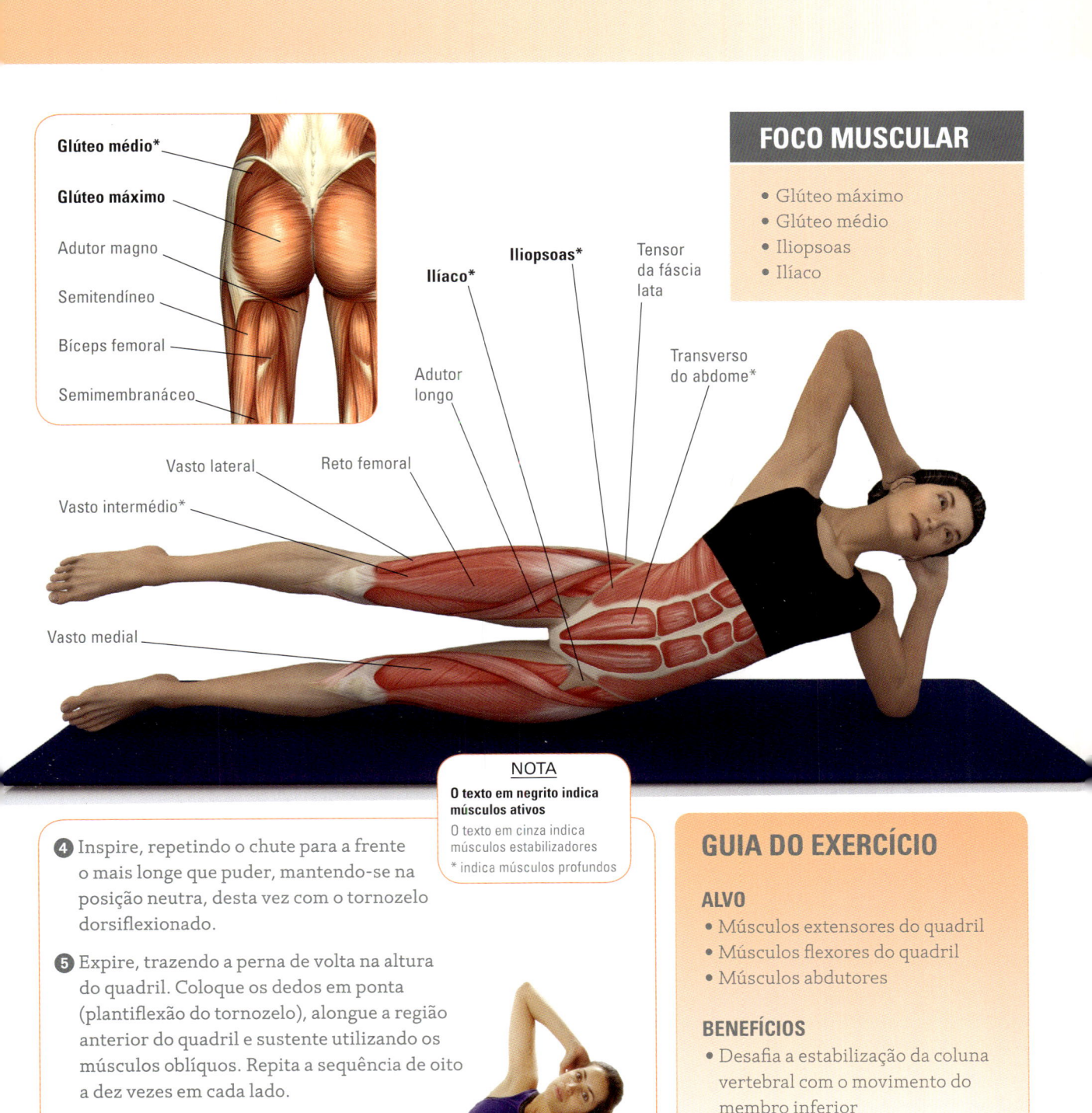

Glúteo médio*

Glúteo máximo

Adutor magno

Semitendíneo

Bíceps femoral

Semimembranáceo

Ilíaco*

Iliopsoas*

Tensor
da fáscia
lata

Adutor
longo

Transverso
do abdome*

Vasto lateral

Reto femoral

Vasto intermédio*

Vasto medial

FOCO MUSCULAR

- Glúteo máximo
- Glúteo médio
- Iliopsoas
- Ilíaco

NOTA

**O texto em negrito indica
músculos ativos**

O texto em cinza indica
músculos estabilizadores

* indica músculos profundos

④ Inspire, repetindo o chute para a frente
o mais longe que puder, mantendo-se na
posição neutra, desta vez com o tornozelo
dorsiflexionado.

⑤ Expire, trazendo a perna de volta na altura
do quadril. Coloque os dedos em ponta
(plantiflexão do tornozelo), alongue a região
anterior do quadril e sustente utilizando os
músculos oblíquos. Repita a sequência de oito
a dez vezes em cada lado.

GUIA DO EXERCÍCIO

ALVO

- Músculos extensores do quadril
- Músculos flexores do quadril
- Músculos abdutores

BENEFÍCIOS

- Desafia a estabilização da coluna
vertebral com o movimento do
membro inferior

NÃO ACONSELHÁVEL
EM CASO DE

- Problemas no ombro. Se este for o
seu caso, mantenha a cabeça reta
durante o exercício.

TEASER II (ABDOMINAL EM V II)

AVANÇADO

Este exercício exigente, mas eficaz, requer o controle absoluto sobre os músculos abdominais. O *Teaser II* também beneficia a coluna vertebral, porque o movimento de rolar estimula a flexibilidade e o alongamento.

FOCO MUSCULAR

- Iliopsoas
- Ilíaco
- Reto do abdome
- Oblíquo externo
- Oblíquo interno
- Transverso do abdome

① Em decúbito dorsal, leve os braços acima da cabeça. As pernas devem estar unidas e um pouco elevadas do *mat*. Inspire para se preparar.

② Expire, rolando para cima primeiro com a cabeça e então com a coluna, uma vértebra de cada vez, até sentar-se ligeiramente atrás dos ísquios.

③ Inspire, levando os braços em direção ao teto, equilibrando-se ligeiramente atrás dos ísquios.

FAÇA CORRETAMENTE

PROCURE
- Articular toda a coluna vertebral nos movimentos de subida e descida.
- Manter o pescoço alongado e relaxado.
- Controlar a respiração para ajudar na flexão e no suporte da coluna vertebral.

GUIA DO EXERCÍCIO

ALVO
- Músculos abdominais

BENEFÍCIOS
- Aumenta a força e a resistência dos músculos abdominais

NÃO ACONSELHÁVEL EM CASO DE
- Lombalgia

4 Estenda o tronco e expire, rolando para baixo uma vértebra de cada vez, da região lombar da coluna até o topo da cabeça. Repita três a cinco vezes.

NOTA
O texto em negrito indica músculos ativos
O texto em cinza indica músculos estabilizadores
* indica músculos profundos

Adutor longo

Reto femoral

Transverso do abdome*

Reto do abdome

Vasto medial

Vasto intermédio*

Vasto lateral

Tensor da fáscia lata

Braquial

Pectíneo*

Ilíaco*

Iliopsoas*

Oblíquo interno*

Oblíquo externo

OPEN-LEG ROCKER (BALANÇO COM AS PERNAS AFASTADAS)

AVANÇADO

Com foco nos músculos do abdome e do quadril, o *Open-leg rocker* pode parecer enganosamente simples. Mas este exercício produz grandes resultados. Controlando a distribuição do peso conforme você rola para trás sobre a coluna, você irá fortalecer os músculos-alvo com sucesso e aumentar a flexibilidade.

FOCO MUSCULAR

- Reto do abdome
- Oblíquo interno
- Oblíquo externo
- Transverso do abdome
- Iliopsoas
- Ilíaco

❶ Sentado no *mat*, segure os tornozelos ou as panturrilhas. As pernas devem estar abduzidas e paralelas, com os joelhos estendidos.

❷ Inspire, levando os abdominais para dentro ao mesmo tempo em que rola retirando os ísquios do solo. Não permita a descarga de peso além da metade da escápula.

❸ Expire, desenrolando o corpo de volta à posição inicial. Repita seis a oito vezes.

FAÇA CORRETAMENTE

PROCURE
- Contrair intensamente os músculos abdominais.
- Manter o pescoço alongado e relaxado.

EVITE
- Rolar para trás sobre o pescoço. Se você tiver dificuldades para parar, flexione ligeiramente os joelhos quando for retornar à posição inicial.

GUIA DO EXERCÍCIO

ALVO
- Músculos abdominais
- Flexores do quadril

BENEFÍCIOS
- Desenvolve a estabilidade da coluna vertebral por meio do movimento de balanço

NÃO ACONSELHÁVEL EM CASO DE
- Hérnia de disco

Reto do abdome

Transverso do abdome*

Oblíquo interno*

Oblíquo externo

Ilíaco*

Iliopsoas*

NOTA
O texto em negrito indica músculos ativos

O texto em cinza indica músculos estabilizadores

* indica músculos profundos

DOUBLE-LEG KICK (CHUTE COM AS DUAS PERNAS)

AVANÇADO

Este *Double-leg kick*, que é realizado em decúbito ventral, incentiva tanto o tórax como as costas a se abrirem, a fim de manter a máxima estabilidade. A maior estabilidade possibilita que você se concentre em trabalhar os músculos das coxas e os glúteos.

FAÇA CORRETAMENTE

PROCURE
- Levar o abdome para dentro em direção à coluna vertebral durante todo o exercício.
- Manter o pescoço alongado e relaxado.

EVITE
- Mover-se muito rapidamente.
- Tirar os quadris do *mat*.

❶ Em decúbito ventral no solo com as pernas aduzidas e paralelas, flexione os joelhos. Dobre os braços e coloque as mãos, entrelaçadas, na região côncava das costas (parte lombar da coluna vertebral). Deixe que os cotovelos se apoiem sobre o *mat*.

GUIA DO EXERCÍCIO

ALVO
- Eretor da espinha
- Extensores do quadril

BENEFÍCIOS
- Abre o tórax, fortalece as costas e tonifica as coxas e os glúteos

NÃO ACONSELHÁVEL EM CASO DE
- Problemas cervicais
- Lombalgia aguda

❷ Expire, bombeando os joelhos por três respirações, mantendo a pelve estável.

❸ Inspire e estenda a coluna e os quadris, separando as pernas e levando os braços para baixo em direção aos quadris. Olhe para baixo durante todo o exercício. Estenda os braços o mais longe possível, contraindo as escápulas uma contra a outra para abrir o tórax.

4 Expire, unindo as pernas e flexionando os joelhos para voltar à posição inicial. Flexione os cotovelos e coloque as mãos na região côncava das costas.

5 Repita a sequência cinco a seis vezes.

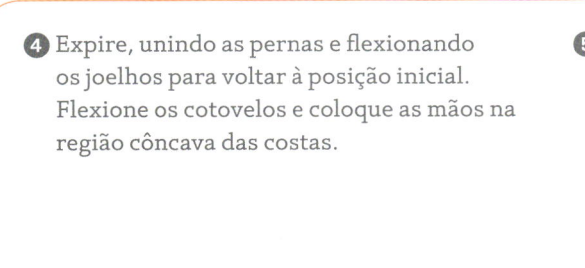

FOCO MUSCULAR

- Latíssimo do dorso
- Eretor da espinha
- Glúteo máximo
- Trapézio

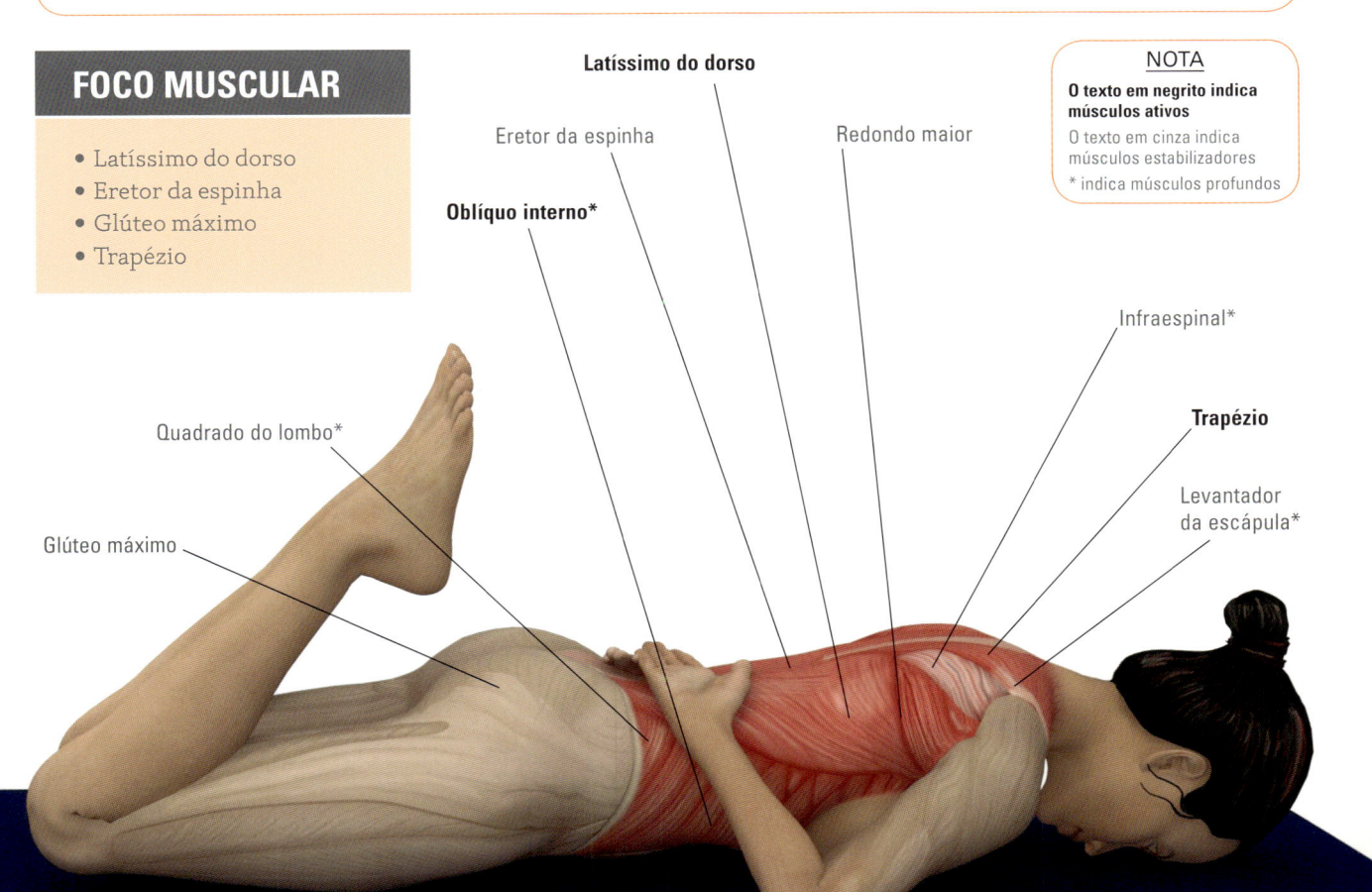

Latíssimo do dorso

Eretor da espinha

Redondo maior

Oblíquo interno*

Infraespinal*

Quadrado do lombo*

Trapézio

Glúteo máximo

Levantador da escápula*

SHORT PLANK (PRANCHA CURTA)

AVANÇADO

O *Short plank* tem como alvo e é bem-sucedido em exercitar a parte superior do corpo. Semelhante ao exercício de flexão de braços tradicional, o objetivo deste exercício é o alongamento contínuo da coluna vertebral e a respiração consciente e deliberada.

FOCO MUSCULAR

- Peitoral maior
- Serrátil anterior
- Reto do abdome
- Oblíquo interno
- Oblíquo externo
- Glúteo máximo
- Deltoide
- Latíssimo do dorso
- Trapézio
- Transverso do abdome

1 Com os joelhos sobre o *mat* e as mãos abaixo dos ombros, comece na posição de prancha curta. Inspire, levando o abdome para dentro.

GUIA DO EXERCÍCIO

ALVO
- Peitoral maior
- Músculos abdominais
- Músculos extensores do quadril

BENEFÍCIOS
- Fortalece os estabilizadores do ombro com um exercício de isometria

NÃO ACONSELHÁVEL EM CASO DE
- Ombros instáveis
- Lesão no punho

2 Expire, estendendo os quadris na posição de prancha. Inspire e mantenha a posição, contraindo ainda mais os abdominais.

3 Expire, levando os joelhos de volta ao *mat* com controle. Inspire e alongue a coluna.

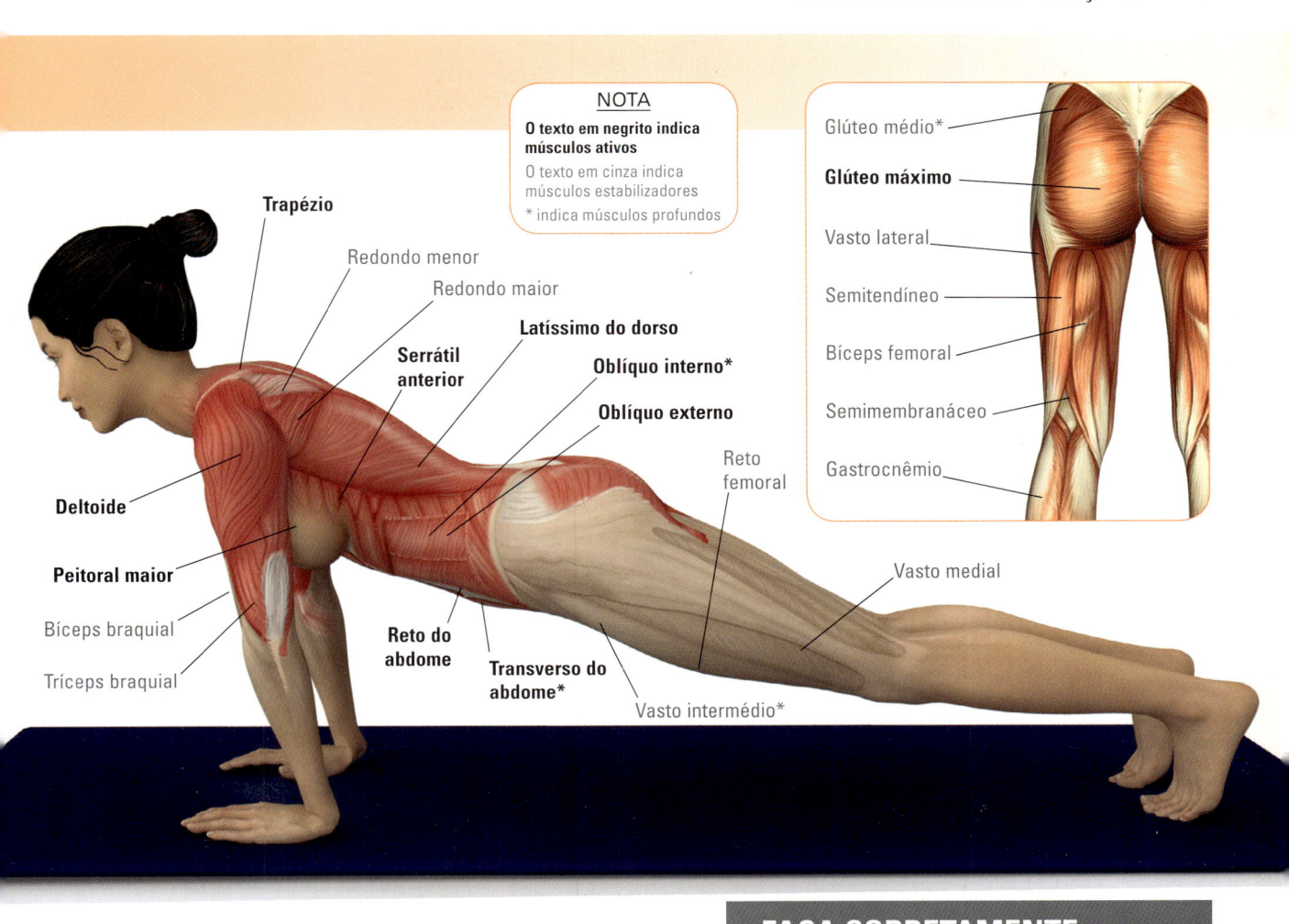

NOTA

O texto em negrito indica músculos ativos

O texto em cinza indica músculos estabilizadores

* indica músculos profundos

Trapézio

Redondo menor

Redondo maior

Serrátil anterior

Latíssimo do dorso

Oblíquo interno*

Oblíquo externo

Reto femoral

Deltoide

Peitoral maior

Bíceps braquial

Tríceps braquial

Reto do abdome

Transverso do abdome*

Vasto intermédio*

Vasto medial

Glúteo médio*

Glúteo máximo

Vasto lateral

Semitendíneo

Bíceps femoral

Semimembranáceo

Gastrocnêmio

④ Expire, pressionando as mãos e estendendo as pernas na posição de prancha completa. Repita cinco a seis vezes.

FAÇA CORRETAMENTE

PROCURE
• Estender todo o membro inferior até o calcanhar, a fim de distribuir uniformemente o peso.

EVITE
• Deixar que o úmero afunde na cavidade glenoidal. Certifique-se de fazer força para manter os ombros abertos.

LEG PULL-DOWN (ELEVAÇÃO DA PERNA DE FRENTE)

AVANÇADO

O *Leg pull-down* requer um alto nível de equilíbrio e controle sobre os braços e as pernas. Durante as extensões de perna, a coluna deve permanecer reta e alongada e parecer estar "flutuando" sobre o corpo.

FAÇA CORRETAMENTE

PROCURE
- Manter os quadris alinhados com os ombros e tornozelos a fim de obter uma distribuição ideal do peso.
- Manter o pescoço alongado e relaxado.

EVITE
- Deixar que a parte lombar da coluna vertebral ceda conforme você se cansa.

1 Em decúbito ventral, apoie o corpo sobre as mãos, com os braços estendidos abaixo dos ombros. As pernas devem estar estendidas e afastadas na largura dos quadris.

2 Inspire ao levantar a perna esquerda e realizar uma extensão do quadril, com o tornozelo em dorsiflexão.

Reto do abdome

Transverso do abdome*

Vasto intermédio

Adutor longo

Reto femoral

Vasto lateral

Vasto medial

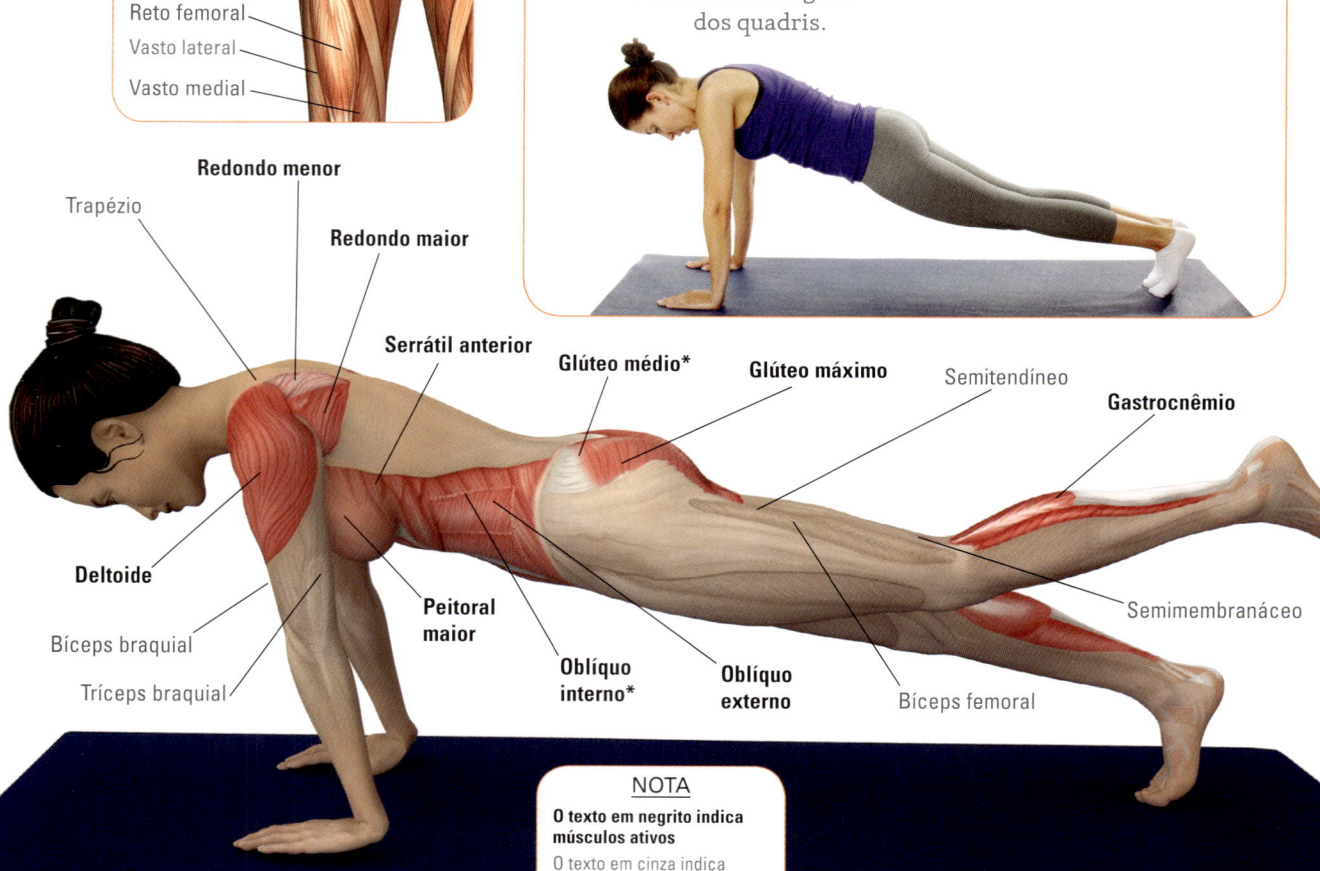

Redondo menor

Trapézio

Redondo maior

Serrátil anterior

Glúteo médio*

Glúteo máximo

Semitendíneo

Gastrocnêmio

Deltoide

Peitoral maior

Bíceps braquial

Tríceps braquial

Oblíquo interno*

Oblíquo externo

Bíceps femoral

Semimembranáceo

NOTA
O texto em negrito indica músculos ativos

O texto em cinza indica músculos estabilizadores

* indica músculos profundos

FOCO MUSCULAR

- Peitoral maior
- Serrátil anterior
- Deltoide
- Reto do abdome
- Oblíquo interno
- Oblíquo externo
- Transverso do abdome
- Glúteo máximo
- Gastrocnêmio

3 Expire, posicionando o pé esquerdo em ponta (plantiflexão do tornozelo) e estendendo o corpo enquanto transfere o peso dos braços para o pé direito, alongando-o até o calcanhar.

4 Inspire, deslocando o peso de volta para as mãos, dorsiflexionando o tornozelo esquerdo.

5 Expire, levando a perna esquerda de volta à posição inicial. Alterne as pernas e repita cinco a seis vezes de cada lado.

GUIA DO EXERCÍCIO

ALVO
- Músculos abdominais
- Estabilizadores do cíngulo do membro superior

BENEFÍCIOS
- Estabiliza a coluna vertebral contra a força da gravidade

NÃO ACONSELHÁVEL EM CASO DE
- Problemas no ombro

HIP TWIST (GIRO COM OS QUADRIS)

AVANÇADO

Outro excelente e intenso treino para a parte inferior do corpo, o *Hip twist* exige controle das pernas e visa diretamente os músculos abdominais.

FOCO MUSCULAR

- Tensor da fáscia lata
- Reto femoral
- Vasto lateral
- Sartório
- Bíceps femoral
- Glúteo máximo
- Glúteo médio
- Trato iliotibial
- Vasto medial
- Vasto intermédio
- Adutor longo

1 Comece sentando-se sobre o *mat* com os braços atrás do corpo, apoiando o peso. As pernas devem estar paralelas e elevadas em uma diagonal alta.

2 Inspire, acionando os músculos abdominais e os ombros para proporcionar estabilização.

5 Inspire, retornando as pernas à posição inicial. Repita quatro a seis vezes.

3 Expire e comece a mover as pernas de um lado a outro do corpo.

4 Expire e continue movendo as pernas em um círculo cruzando o corpo. Desça até o ponto em que puder manter a estabilização pélvica.

GUIA DO EXERCÍCIO

ALVO
• Músculos abdominais

BENEFÍCIOS
• Fortalece os quatro músculos abdominais contra a gravidade e o peso das pernas

NÃO ACONSELHÁVEL EM CASO DE
• Dor nas costas
• Instabilidade no quadril

FAÇA CORRETAMENTE

PROCURE
• Manter as pernas alongadas enquanto as move de um lado para outro.
• Abrir os ombros, a fim de ativar melhor o tronco.
• Manter o pescoço alongado.

EVITE
• Tensionar os músculos do pescoço e do ombro.

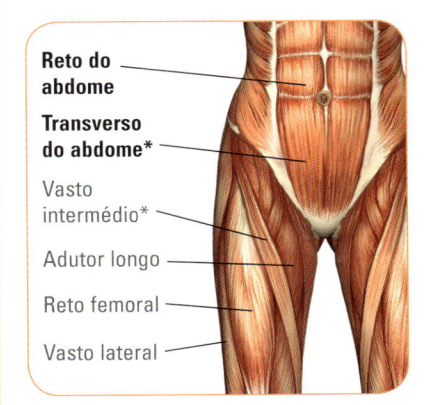

Reto do abdome
Transverso do abdome*
Vasto intermédio*
Adutor longo
Reto femoral
Vasto lateral

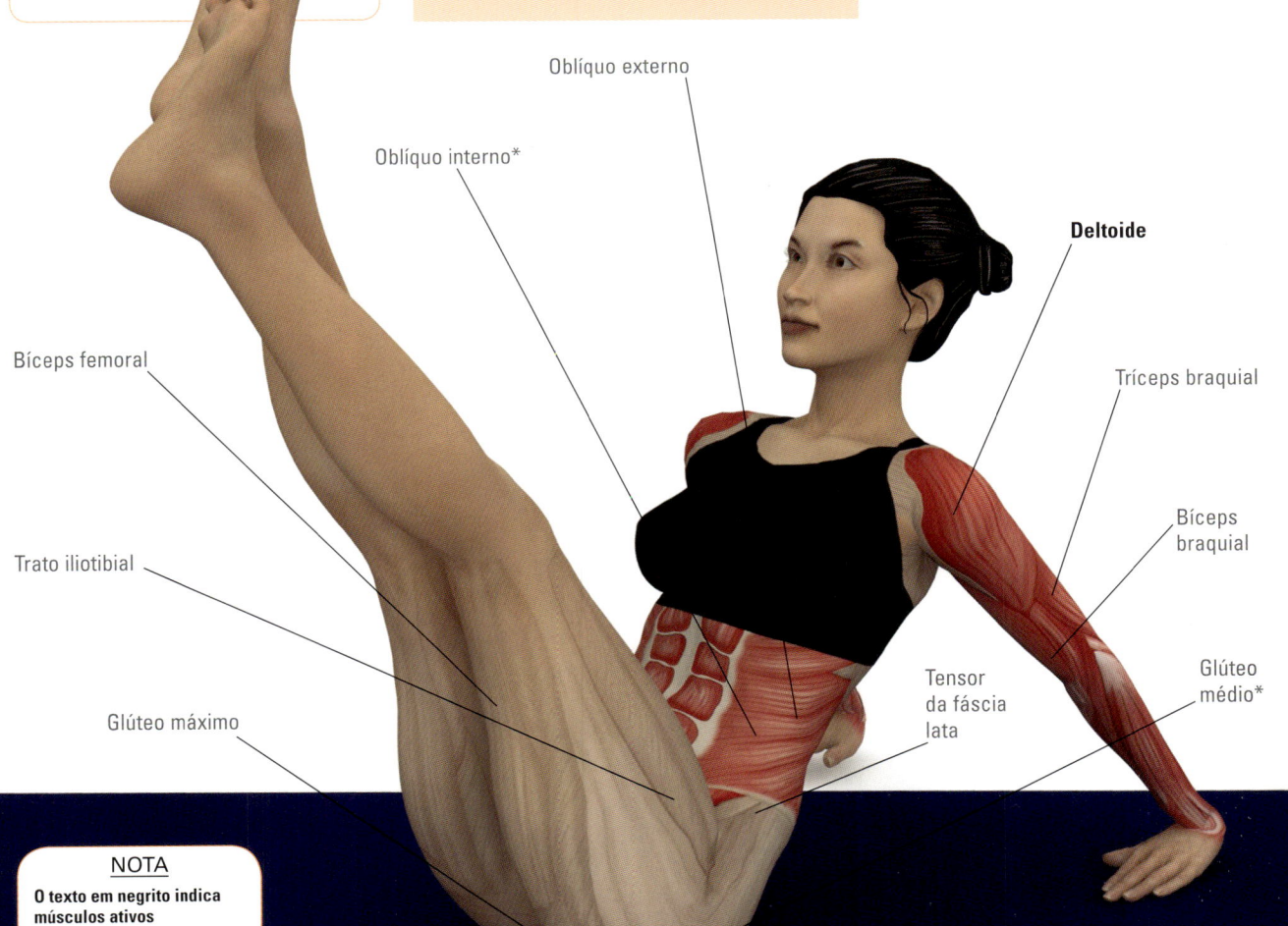

Oblíquo externo
Oblíquo interno*
Deltoide
Bíceps femoral
Tríceps braquial
Trato iliotibial
Bíceps braquial
Glúteo máximo
Tensor da fáscia lata
Glúteo médio*

NOTA
O texto em negrito indica músculos ativos
O texto em cinza indica músculos estabilizadores
* indica músculos profundos

SEAL WITH FOOT CLAP (FOCA COM BATIDA DE PÉ)

AVANÇADO

O *Seal with foot clap* ajuda a se concentrar em alcançar um alto nível de equilíbrio. Em vez de focar nos músculos superficiais do corpo, a versão avançada do *The seal* usa a pelve e os músculos abdominais profundos para criar e limitar o impulso conforme você rola sobre a coluna vertebral.

FAÇA CORRETAMENTE

PROCURE
- Deixar que o impulso o ajude a rolar para trás.

EVITE
- Deixar que as costas façam um som de "pancada" ao tocar o *mat* – isso indica que você precisa acionar os músculos abdominais para deixar o movimento mais suave.
- Rolar sobre o pescoço – pare quando chegar às escápulas.

❶ Comece sentando-se em uma posição de equilíbrio, um pouco atrás do cóccix, com os joelhos fletidos e abduzidos.

❷ Com os pés unidos e fora do solo, segure os tornozelos pela parte interna das pernas. Bata os pés um contra o outro três vezes.

GUIA DO EXERCÍCIO

ALVO
- Músculos estabilizadores pélvicos
- Músculos abdominais profundos

NÃO ACONSELHÁVEL EM CASO DE
- Dor intensa no pescoço
- Dor no cotovelo

❸ Inspire e role sobre a coluna vertebral até a parte cervical, usando os músculos abdominais inferiores para levantar o quadril. Contraia os glúteos para conseguir uma elevação extra. Bata os pés um contra o outro três vezes.

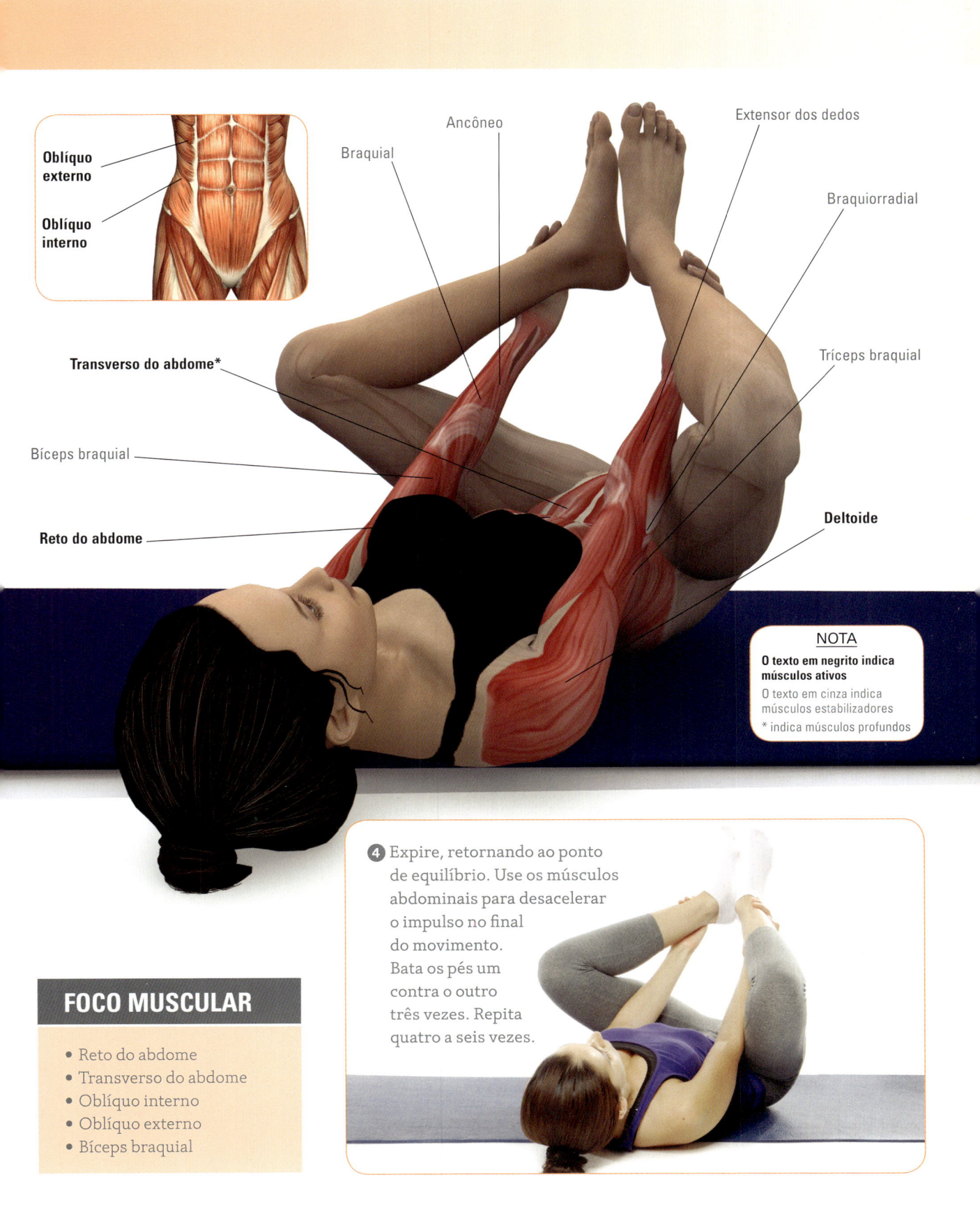

Oblíquo externo

Oblíquo interno

Braquial

Ancôneo

Extensor dos dedos

Braquiorradial

Tríceps braquial

Transverso do abdome*

Bíceps braquial

Reto do abdome

Deltoide

NOTA

O texto em negrito indica músculos ativos

O texto em cinza indica músculos estabilizadores

* indica músculos profundos

FOCO MUSCULAR

- Reto do abdome
- Transverso do abdome
- Oblíquo interno
- Oblíquo externo
- Bíceps braquial

4 Expire, retornando ao ponto de equilíbrio. Use os músculos abdominais para desacelerar o impulso no final do movimento. Bata os pés um contra o outro três vezes. Repita quatro a seis vezes.

SIDE BEND II (INCLINAÇÃO LATERAL II)

AVANÇADO

O *Side bend II* é uma versão mais especializada do *Side bend* e aborda tanto a parte superior do corpo como os músculos abdominais. Você deve tentar executar um alcance longo e suave para obter o alongamento máximo, bem como a distribuição uniforme do peso.

FOCO MUSCULAR

- Reto do abdome
- Oblíquo externo
- Reto femoral
- Tensor da fáscia lata
- Vasto lateral
- Adutor magno
- Adutor longo
- Bíceps femoral
- Glúteo máximo

❶ Comece em uma posição semideitada de lado, com as pernas unidas e paralelas ao *mat*, usando a mão de baixo para apoio.

❷ Inspire. Pressionando a mão de apoio, contraia as pernas uma contra a outra e levante o tronco alinhado às pernas, erguendo ao mesmo tempo o braço de cima, em extensão.

GUIA DO EXERCÍCIO

ALVO
- Estabilizadores do cíngulo do membro superior
- Músculos oblíquos

BENEFÍCIOS
- Fortalece os flexores laterais da coluna vertebral e o cíngulo do membro superior
- Estabiliza o corpo

NÃO ACONSELHÁVEL EM CASO DE
- Dor no ombro
- Dor no punho

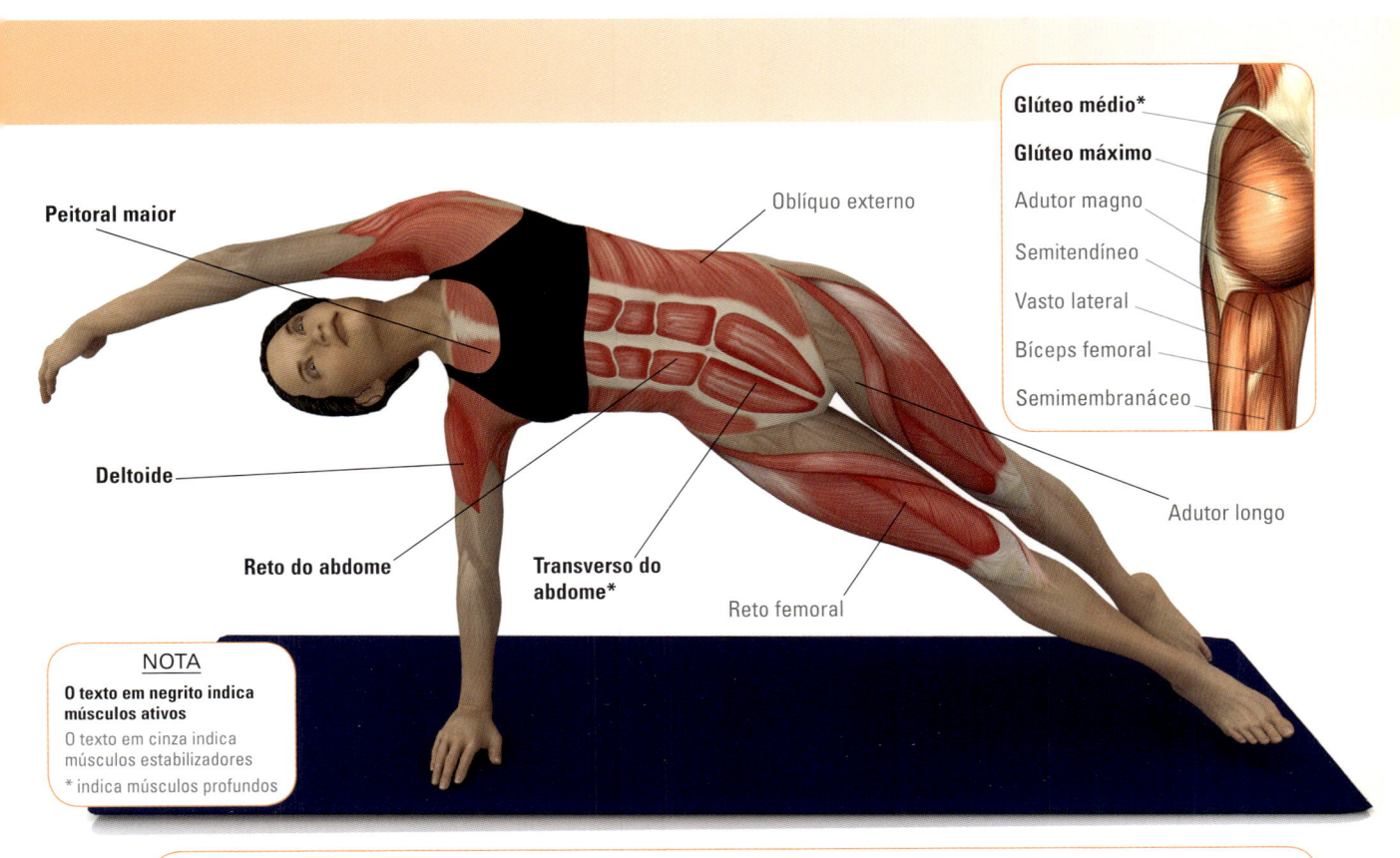

Peitoral maior

Oblíquo externo

Glúteo médio*

Glúteo máximo

Adutor magno

Semitendíneo

Vasto lateral

Bíceps femoral

Semimembranáceo

Adutor longo

Deltoide

Reto do abdome

Transverso do abdome*

Reto femoral

NOTA
O texto em negrito indica músculos ativos
O texto em cinza indica músculos estabilizadores
* indica músculos profundos

FAÇA CORRETAMENTE

PROCURE
- Manter o pescoço alongado.
- Fazer pressão abrindo os ombros com o tronco e levantando o mais alto possível para melhor ativar os músculos abdominais.
- Levantar bem os quadris para aliviar o peso da parte superior do corpo.
- Estender e alongar bem os braços e as pernas, a fim de aumentar o alongamento e a ativação dos músculos.

EVITE
- Tensionar os músculos do pescoço.

❸ Expire. Mantendo a pressão sobre a mão de apoio, estenda a lateral do tronco em uma curva lateral, guiando o movimento com o braço elevado acima da cabeça.

❹ Expire, abaixando o tronco até a posição de prancha lateral. Repita a sequência cinco a seis vezes em cada lado.

PUSH-UP (FLEXÃO DE BRAÇOS)

AVANÇADO

O clássico *Push-up* é a base presente em qualquer plano de condicionamento físico. Rolando a coluna para cima e para baixo no início e no final, você incentiva a extensão e o espaçamento na coluna e prepara todo o corpo para um movimento preciso e controlado.

FOCO MUSCULAR

- Reto do abdome
- Transverso do abdome
- Oblíquo externo
- Oblíquo interno
- Tríceps braquial
- Trapézio
- Glúteo máximo
- Peitoral maior

❶ Em pé em uma das bordas do *mat*, inspire e tracione o umbigo em direção à coluna.

❷ Expire rolando o tronco para baixo, uma vértebra de cada vez. Caminhe com as mãos até que elas estejam diretamente sob os ombros na posição de prancha.

❸ Inspire e estabilize o corpo, levando os abdominais para dentro em direção à coluna. Contraia os glúteos e as pernas unidas e alongue os calcanhares, colocando o corpo em uma linha reta.

FAÇA CORRETAMENTE

PROCURE
- Manter a cabeça e o pescoço alongados e relaxados enquanto realiza o *Push-up*.
- Contrair os músculos glúteos e tracionar os músculos abdominais para dentro a fim de manter a estabilidade.

EVITE
- Deixar que os ombros subam em direção às orelhas.

GUIA DO EXERCÍCIO

ALVO
- Peitoral maior
- Bíceps braquial
- Tríceps braquial

BENEFÍCIOS
- Fortalece os estabilizadores do *core*, ombros, costas, glúteos e músculos do tórax

NÃO ACONSELHÁVEL EM CASO DE
- Problemas no ombro
- Dor no punho
- Lombalgia

4 Expire e inspire conforme flexiona os cotovelos, abaixa o corpo e depois o empurra para cima. Repita oito vezes.

5 Inspire enquanto eleva os quadris e anda com as mãos para trás em direção aos pés. Expire lentamente, rolando o tronco para cima, uma vértebra de cada vez, até a posição inicial. Repita todo o exercício três vezes.

NOTA
O texto em negrito indica músculos ativos
O texto em cinza indica músculos estabilizadores
* indica músculos profundos

SIDE LEG LIFT (ELEVAÇÃO LATERAL DAS PERNAS)

AVANÇADO

O *Side leg lift* envolve os músculos abdominais oblíquos e promove o alongamento de todos os grandes músculos. O exercício tem a vantagem adicional de trabalhar o equilíbrio e a estabilidade corporal.

FAÇA CORRETAMENTE

PROCURE
- Contrair os glúteos antes de elevar a perna, a fim de melhor estabilizar a pelve.
- Manter o pescoço e a cabeça alongados para reduzir o estresse e a tensão sobre o pescoço.
- Deslizar para baixo a mão que está sobre a perna, distanciando-a da orelha para alongar.

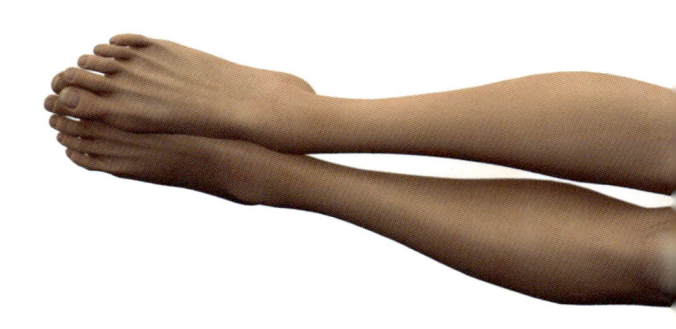

FOCO MUSCULAR

- Reto do abdome
- Transverso do abdome
- Oblíquo externo
- Oblíquo interno

❶ Comece deitado de lado, com um braço flexionado apoiando a cabeça, e o outro estendido ao longo da coxa. As pernas ficam unidas e estendidas.

❷ Inspire para se preparar.

❸ Expire levantando simultaneamente a cabeça, os ombros e as pernas.

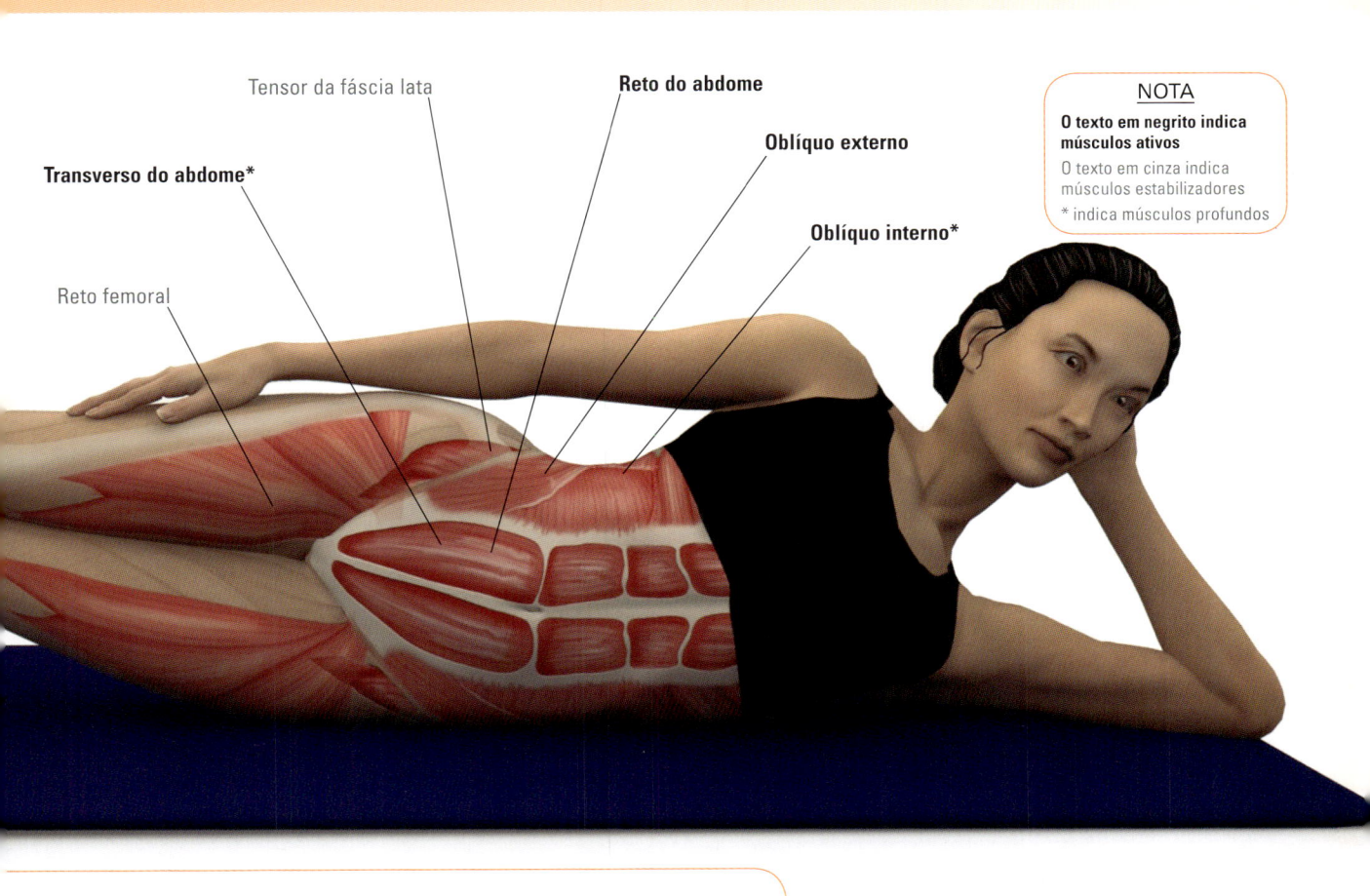

Tensor da fáscia lata

Reto do abdome

Oblíquo externo

Transverso do abdome*

Oblíquo interno*

Reto femoral

4 Inspire abaixando simultaneamente as pernas e o tronco em direção ao *mat*.

5 Repita a sequência quatro a seis vezes de cada lado.

GUIA DO EXERCÍCIO

ALVO
• Músculos abdominais oblíquos

BENEFÍCIOS
• Fortalece e estabiliza o corpo

NÃO ACONSELHÁVEL EM CASO DE
• Lombalgia

KNEELING SIDE KICK I (CHUTE LATERAL AJOELHADO I)

AVANÇADO

O *Kneeling side kick I*, também chamado de *Tall kneeling side kick*, estimula vários grandes grupos musculares e promove o equilíbrio e o alongamento muscular do corpo todo. Realizar uma respiração profunda e completa à medida que realiza estes desafiadores movimentos irá ajudá-lo a obter o máximo proveito de cada alongamento.

FAÇA CORRETAMENTE

PROCURE
- Manter o tronco alinhado para equilibrar melhor o movimento da perna.
- Manter o relaxamento e o alongamento do pescoço para evitar tensão.
- Manter a perna alongada e alinhada para controlar melhor o movimento.

EVITE
- Deixar o pescoço ou os ombros cederem.
- Deixar que o úmero afunde na cavidade glenoidal.

1 Comece ajoelhado sobre o *mat*, com uma perna estendida para o lado e a outra alinhada sob o quadril.

GUIA DO EXERCÍCIO

ALVO
- Músculos abdutores
- Músculos abdominais
- Músculos glúteos

BENEFÍCIOS
- Trabalha a cintura

NÃO ACONSELHÁVEL EM CASO DE
- Dor/lesão no joelho
- Dor nas costas

2 Coloque as duas mãos atrás da cabeça, com os cotovelos abduzidos.

3 Inspire e levante do *mat* a perna estendida, elevando-a até a altura dos quadris.

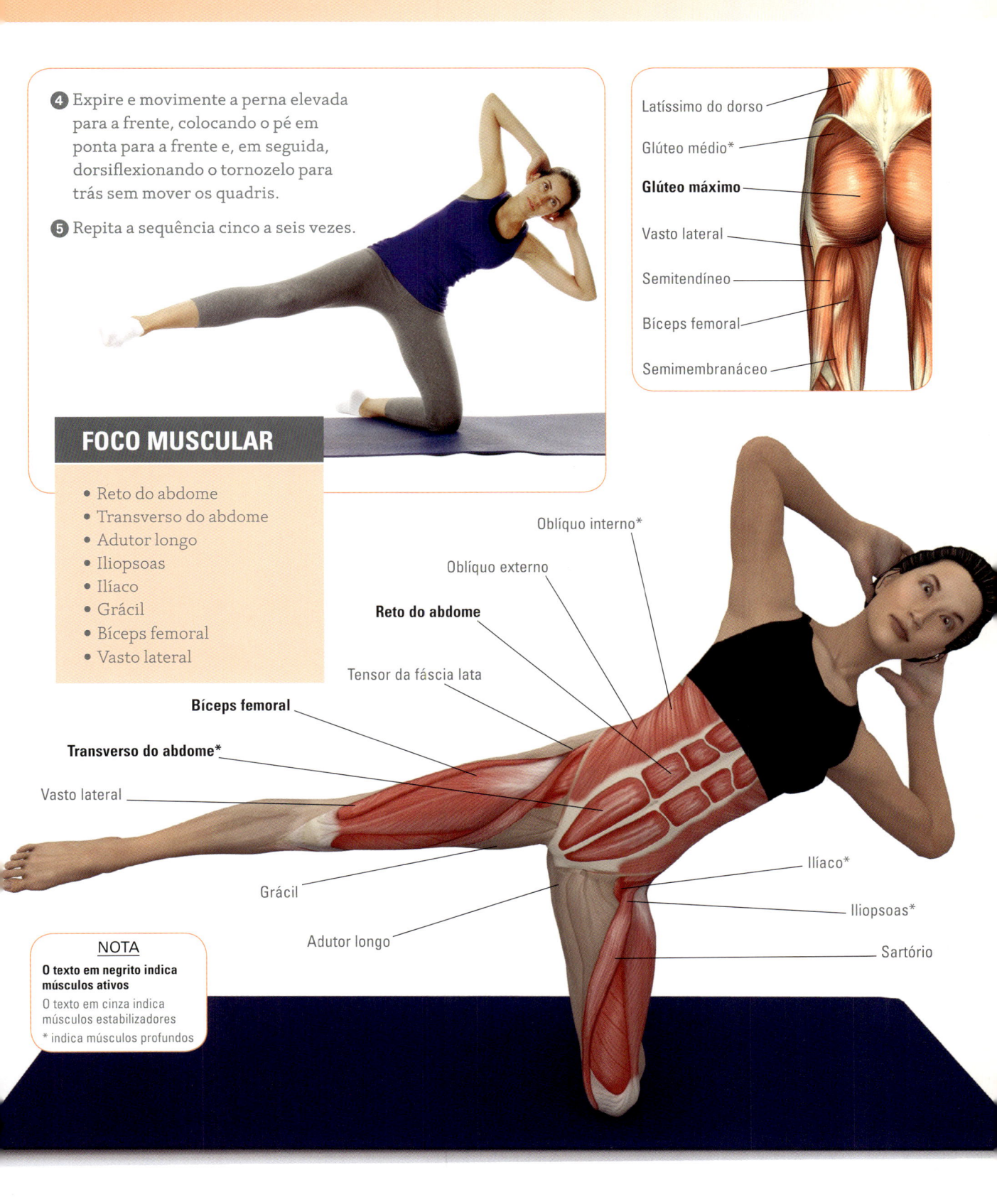

4 Expire e movimente a perna elevada para a frente, colocando o pé em ponta para a frente e, em seguida, dorsiflexionando o tornozelo para trás sem mover os quadris.

5 Repita a sequência cinco a seis vezes.

Latíssimo do dorso

Glúteo médio*

Glúteo máximo

Vasto lateral

Semitendíneo

Bíceps femoral

Semimembranáceo

FOCO MUSCULAR

- Reto do abdome
- Transverso do abdome
- Adutor longo
- Iliopsoas
- Ilíaco
- Grácil
- Bíceps femoral
- Vasto lateral

Oblíquo interno*

Oblíquo externo

Reto do abdome

Tensor da fáscia lata

Bíceps femoral

Transverso do abdome*

Vasto lateral

Grácil

Adutor longo

Ilíaco*

Iliopsoas*

Sartório

NOTA
O texto em negrito indica músculos ativos

O texto em cinza indica músculos estabilizadores

* indica músculos profundos

OBLIQUE ROLL-DOWN (ROLAMENTO OBLÍQUO PARA BAIXO)

AVANÇADO

1 Comece sentando-se no *mat* com os braços estendidos, paralelos ao solo, os joelhos flexionados e ligeiramente afastados.

2 Inspire, contraindo os músculos abdominais, levando o umbigo para dentro em direção à coluna vertebral, e alongando a coluna para cima.

FOCO MUSCULAR

- Oblíquo externo
- Oblíquo interno
- Reto do abdome
- Transverso do abdome

FAÇA CORRETAMENTE

PROCURE

- Manter a extensão dos braços conforme você rola para baixo a fim de criar uma oposição ao tronco.
- Manter o relaxamento e o alongamento do pescoço para evitar tensão.
- Articular toda a coluna vertebral nos movimentos de subida e descida.
- Utilizar uma respiração longa e lenta para auxiliar o movimento.

EVITE

- Tensionar os músculos do pescoço e dos ombros.

A curva em C é primordial no *Oblique roll-down*. Monitore os músculos abdominais e use o umbigo como um guia para garantir que esses músculos estejam acionados e apoiando a coluna conforme você rola para trás e gira.

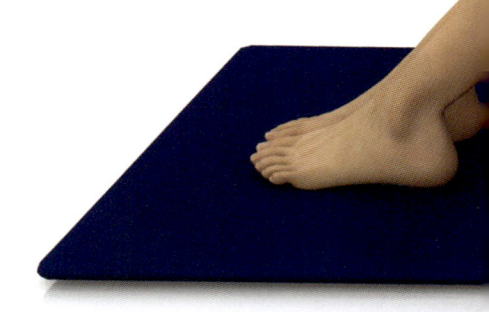

GUIA DO EXERCÍCIO

ALVO
• Músculos oblíquos

BENEFÍCIOS
• Foca nos músculos abdominais oblíquos ao desafiar a capacidade de manter a curva em C

NÃO ACONSELHÁVEL EM CASO DE
• Hérnia de disco

3 Expire e role para trás, ao mesmo tempo girando o tronco para um lado.

4 Inspire, mantendo a flexão da coluna vertebral, girando o tronco de volta ao centro.

5 Expire e gire para o outro lado, intensificando a contração abdominal.

6 Inspire, retorne ao centro e repita a sequência quatro a seis vezes de cada lado.

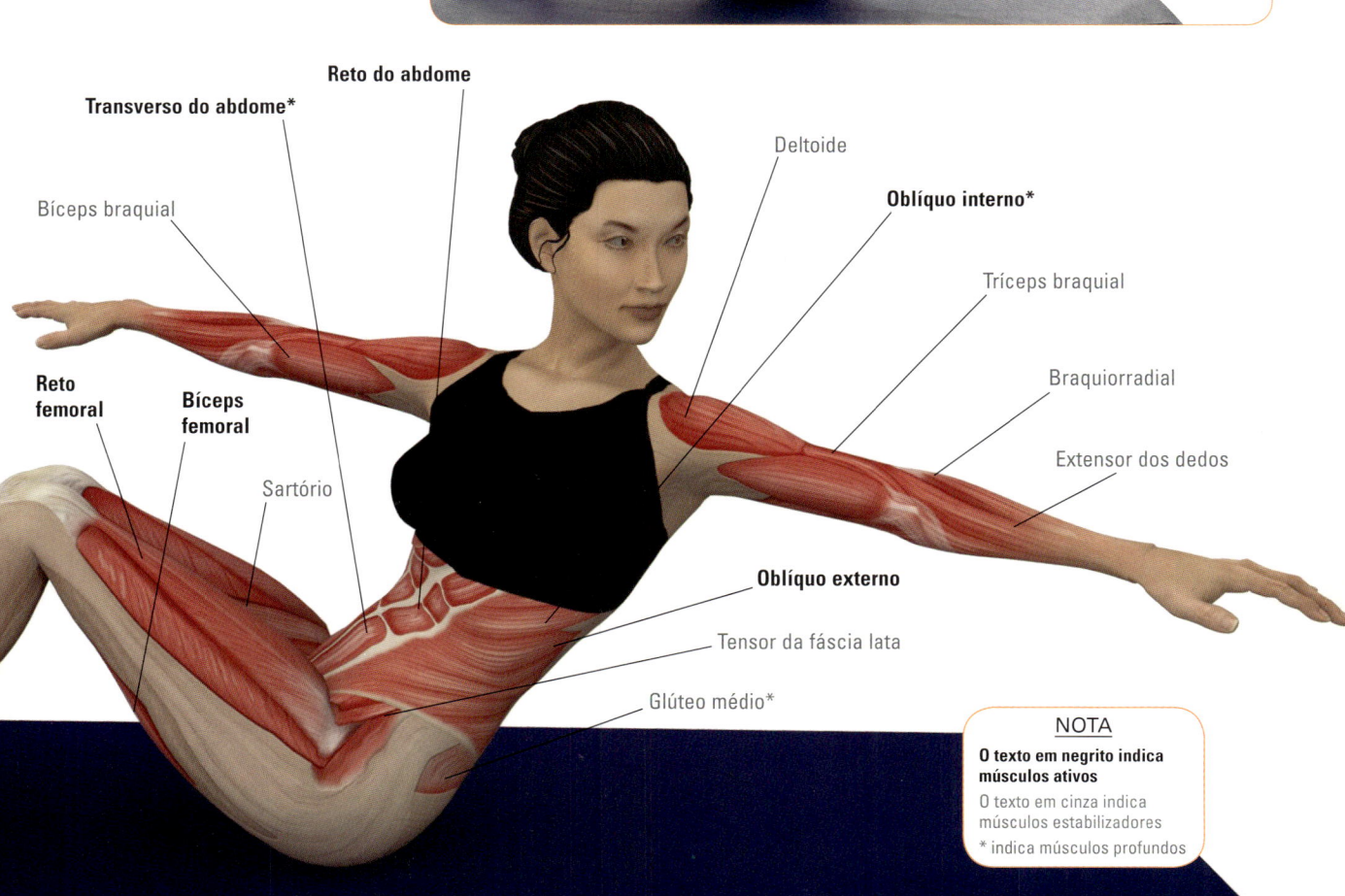

Transverso do abdome*

Reto do abdome

Bíceps braquial

Deltoide

Oblíquo interno*

Tríceps braquial

Braquiorradial

Extensor dos dedos

Reto femoral

Bíceps femoral

Sartório

Oblíquo externo

Tensor da fáscia lata

Glúteo médio*

NOTA
O texto em negrito indica músculos ativos

O texto em cinza indica músculos estabilizadores

* indica músculos profundos

BRIDGE III (PONTE III)

AVANÇADO

Baseando-se nos exercícios de ponte de níveis iniciante e intermediário, esta terceira versão do exercício leva os movimentos até o limite, coordenando as pernas, os quadris e a coluna vertebral por meio do uso bem-sucedido da posição de prancha.

FOCO MUSCULAR

- Glúteo máximo
- Glúteo médio
- Quadrado do lombo
- Tensor da fáscia lata
- Reto do abdome
- Transverso do abdome
- Semitendíneo
- Semimembranáceo
- Bíceps femoral

GUIA DO EXERCÍCIO

ALVO
- Extensores do quadril

BENEFÍCIOS
- Aumenta a força e a resistência dos músculos flexores do quadril e a estabilidade da coluna vertebral

NÃO ACONSELHÁVEL EM CASO DE
- Problemas no pescoço

1 Posicione-se em decúbito dorsal sobre o *mat*, com os braços ao lado do corpo e as pernas flexionadas e afastadas na largura do quadril, com os pés apoiados no solo.

2 Inspire para se preparar, depois expire, levantando os quadris do *mat* e criando uma linha alongada dos joelhos aos ombros.

3 Inspire e levante a perna esquerda no ar, com os dedos dos pés em ponta (plantiflexão do tornozelo).

4 Expire e dorsiflexione o tornozelo.

5 Abaixe a perna estendida, alinhando-a com o corpo, criando uma linha alongada dos ombros ao tornozelo.

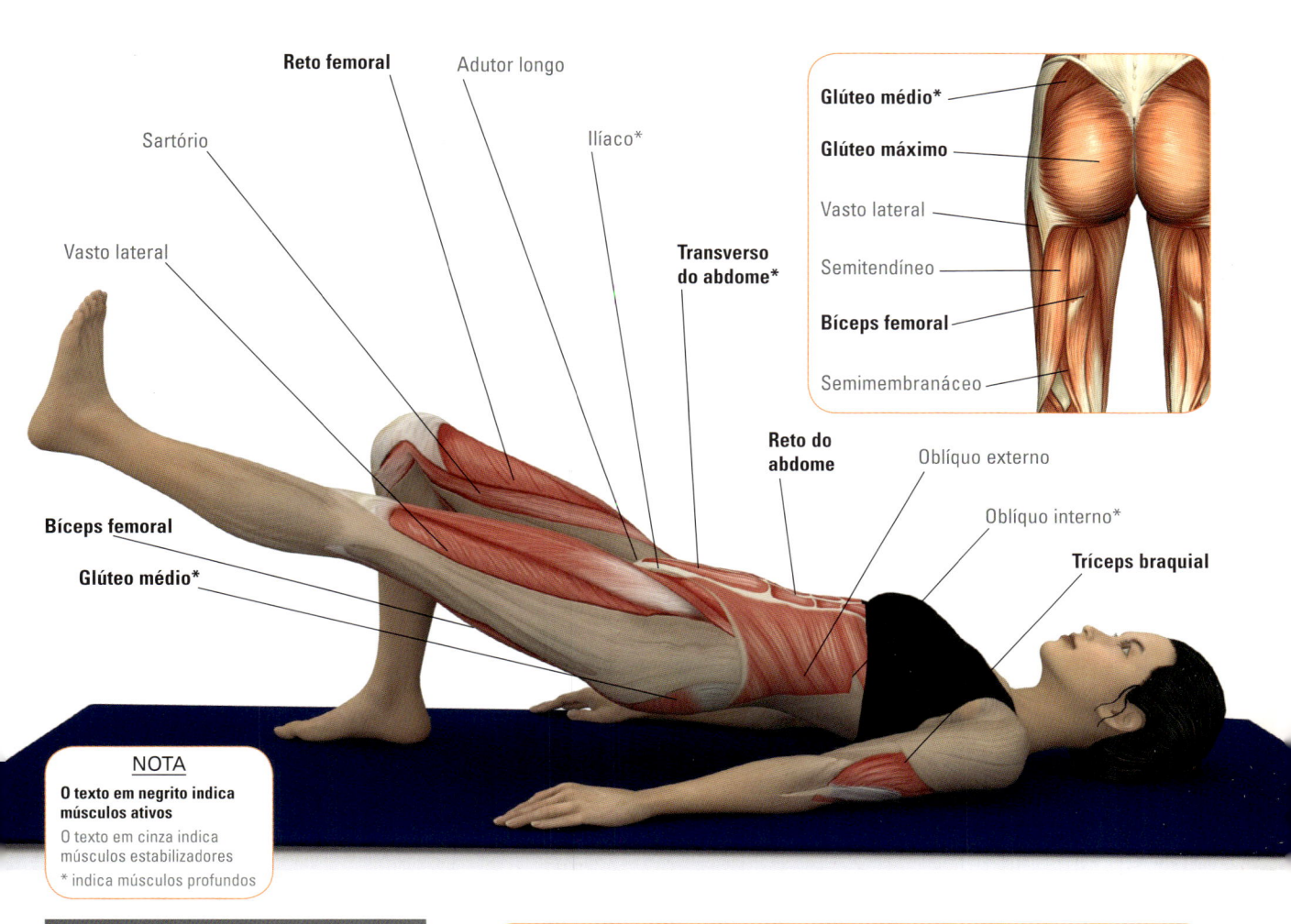

Reto femoral

Adutor longo

Sartório

Ilíaco*

Vasto lateral

Transverso
do abdome*

Bíceps femoral

Reto do
abdome

Oblíquo externo

Glúteo médio*

Oblíquo interno*

Tríceps braquial

Glúteo médio*

Glúteo máximo

Vasto lateral

Semitendíneo

Bíceps femoral

Semimembranáceo

NOTA
O texto em negrito indica músculos ativos
O texto em cinza indica músculos estabilizadores
* indica músculos profundos

FAÇA CORRETAMENTE

PROCURE
- Manter a posição de prancha durante todo o movimento.
- Manter o pescoço alongado e relaxado durante o exercício.
- Manter a perna que está se movendo alongada e alinhada para ativar os músculos profundos do *core*.

EVITE
- Permitir que os quadris se elevem ou cedam da posição de prancha.

❻ Inspire e leve a perna de volta para cima em direção ao teto, colocando os dedos dos pés em ponta (plantiflexão do tornozelo).

❼ Repita a sequência quatro a seis vezes e, em seguida, troque de perna.

JACKKNIFE (CANIVETE)

AVANÇADO

O *Jackknife* requer um controle preciso sobre os músculos abdominais, glúteos e da coxa, que se beneficiam deste exercício. Enquanto as pernas estão estendidas no ar, deve-se permitir que a coluna vertebral alcance o seu comprimento máximo.

FOCO MUSCULAR

- Reto do abdome
- Transverso do abdome
- Glúteo máximo
- Glúteo médio
- Tríceps braquial
- Adutor longo

GUIA DO EXERCÍCIO

ALVO
- Músculos abdominais
- Parte interna das coxas
- Glúteos

BENEFÍCIOS
- Fortalece os extensores do quadril e da coluna vertebral
- Desafia a estabilização da coluna vertebral contra a rotação

NÃO ACONSELHÁVEL EM CASO DE
- Problemas no pescoço ou nos ombros
- Hérnia de disco

❶ Posicione-se em decúbito dorsal com os braços ao lado do corpo, as palmas das mãos voltadas para baixo e as pernas estendidas no ar.

❷ Inspire para se preparar. Expire e contraia os glúteos, tracionando o umbigo em direção à coluna ao levantar as pernas para cima e sobre a cabeça.

❸ Conserve as pernas paralelas ao solo, mantendo o peso sobre os ombros.

❹ Inspire e pressione os braços no solo, levando os quadris para cima.

❺ Leve as pernas estendidas em direção ao teto, em um movimento ascendente controlado.

❻ Expire, rolando para baixo a coluna, e pressione as palmas das mãos no solo para desacelerar o movimento.

❼ Inspire e abaixe as pernas em direção ao solo, mantendo-as estendidas.

❽ Mantendo as costas no solo, contraia as coxas uma contra a outra.

❾ Repita a sequência três a quatro vezes.

FAÇA CORRETAMENTE

PROCURE
- Estender os membros o máximo possível em direções opostas.
- Contrair os glúteos e levar o umbigo em direção à coluna durante o exercício.
- Manter o pescoço alongado e relaxado.

EVITE
- Levantar os ombros em direção às orelhas.
- Rolar sobre o pescoço. O peso deve ficar na parte de trás dos ombros.
- Deixar que as pernas se separem.

Sartório

Iliopsoas*

Ilíaco*

Pectíneo*

Vasto lateral

Grácil

Reto femoral

Vasto lateral

Bíceps femoral

Glúteo máximo

Glúteo médio*

Oblíquo externo

Oblíquo interno*

Braquiorradial

Extensor dos dedos

Reto femoral

Tensor da fáscia lata

Transverso do abdome*

Reto do abdome

Bíceps braquial

Tríceps braquial

Deltoide

NOTA
O texto em negrito indica músculos ativos

O texto em cinza indica músculos estabilizadores

* indica músculos profundos

CORKSCREW (SACA-ROLHA)

AVANÇADO

Complementar ao *Jackknife*, o *Corkscrew* envolve os mesmos músculos, mas em um posicionamento diferente do corpo. Certifique-se de que o movimento circular seja lento e preciso, não maior que o necessário, a fim de manter a estabilidade máxima.

FOCO MUSCULAR

- Pectíneo
- Adutor longo
- Grácil
- Tensor da fáscia lata
- Sartório
- Reto femoral
- Ilíaco
- Iliopsoas
- Vasto lateral
- Glúteo máximo
- Reto do abdome
- Transverso do abdome
- Oblíquo externo
- Oblíquo interno

FAÇA CORRETAMENTE

PROCURE
- Tracionar o umbigo em direção à coluna durante todo o exercício.
- Fazer círculos tão pequenos quanto necessário para manter a estabilidade.
- Manter o pescoço relaxado e alongado.

EVITE
- Rolar para trás sobre o pescoço.
- Deixar que a parte lombar da coluna vertebral perca o contato com o *mat*.

1 Deite-se no *mat* com as pernas para cima, os braços apoiados ao lado do corpo e as palmas das mãos pressionando o solo.

2 Inspire para se preparar. Expire e tracione o umbigo em direção à coluna.

3 Faça um círculo com as pernas para a esquerda, para baixo e dê a volta para completar o círculo.

4 Inspire e inverta a direção.

5 Repita a sequência seis vezes, alternando as direções.

GUIA DO EXERCÍCIO

ALVO
- Músculos abdominais
- Parte interna das coxas
- Glúteos

BENEFÍCIOS
- Alonga os músculos das costas
- Melhora o equilíbrio

NÃO ACONSELHÁVEL EM CASO DE
- Lombalgia

Glúteo médio*
Glúteo máximo
Vasto lateral
Semitendíneo
Bíceps femoral
Semimembranáceo

<u>NOTA</u>
O texto em negrito indica músculos ativos
O texto em cinza indica músculos estabilizadores
* indica músculos profundos

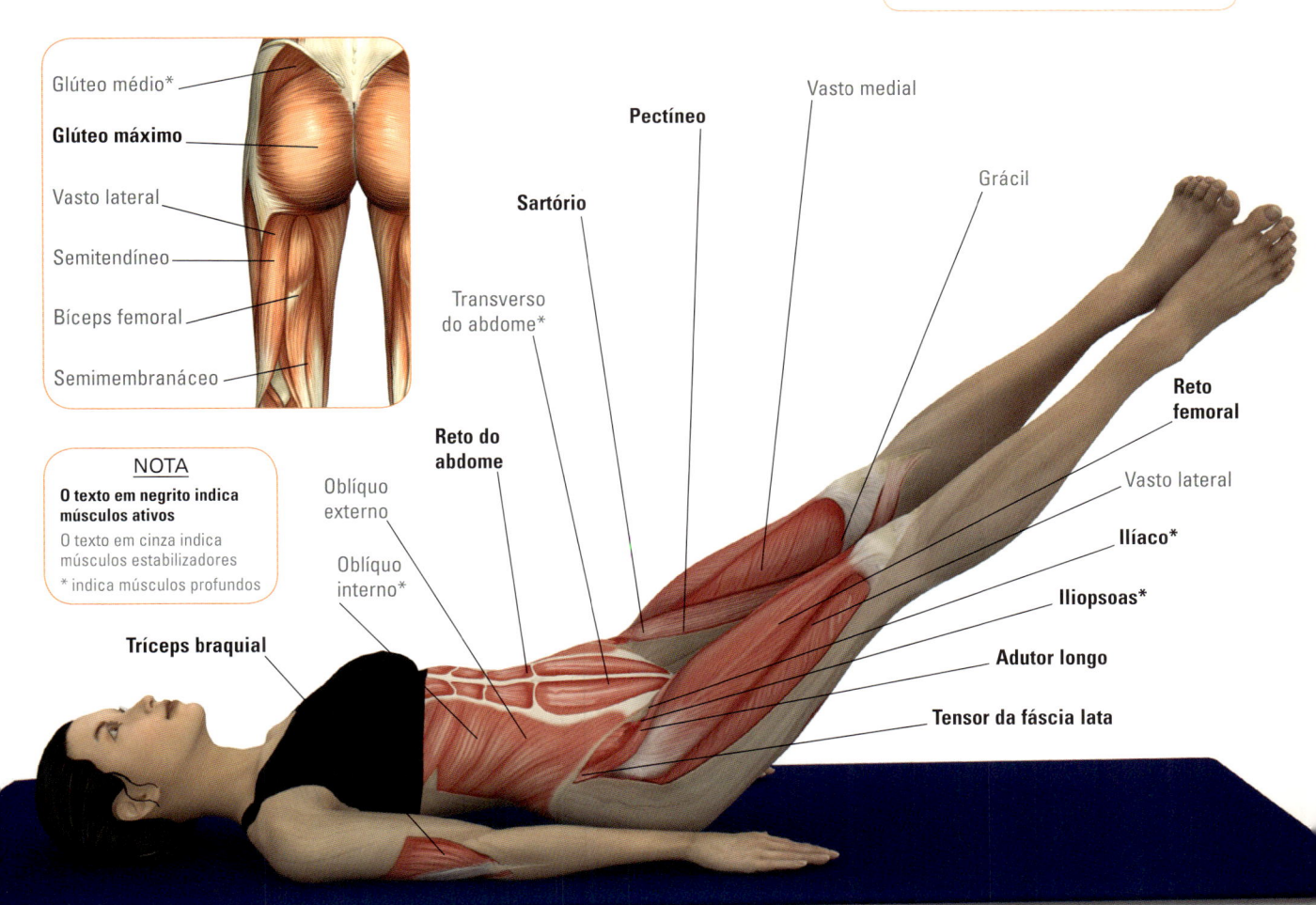

Vasto medial
Pectíneo
Grácil
Sartório
Transverso do abdome*
Reto femoral
Vasto lateral
Ilíaco*
Iliopsoas*
Adutor longo
Tensor da fáscia lata
Reto do abdome
Oblíquo externo
Oblíquo interno*
Tríceps braquial

KNEELING SIDE KICK II (CHUTE LATERAL AJOELHADO II)

AVANÇADO

A linhamento e equilíbrio são as chaves para a execução bem-sucedida do *Kneeling side kick II*. Tente articular cada movimento das pernas, mantendo a coluna vertebral e o quadril estáveis conforme você chuta e dorsiflexiona o tornozelo.

FOCO MUSCULAR

- Glúteo médio
- Glúteo máximo
- Adutor longo
- Reto do abdome
- Transverso do abdome
- Pectíneo
- Adutor longo
- Grácil
- Tensor da fáscia lata
- Sartório
- Reto femoral
- Ilíaco
- Iliopsoas
- Vasto lateral

FAÇA CORRETAMENTE

PROCURE
- Descarregar o peso no solo pela palma da mão, para ajudar a manter o equilíbrio.
- Manter o pescoço relaxado e alongado.
- Alinhar o corpo de modo que ombros, quadris e pernas fiquem em linha para melhor ativar os músculos profundos.

EVITE
- Oscilar com o movimento da perna – em vez disso, faça um movimento de amplitude menor.

❶ Comece ajoelhado com uma mão no solo, logo abaixo do ombro, com os dedos apontando para fora. Coloque a outra mão atrás da cabeça.

❷ Levante a perna de cima na altura do quadril e estenda-a, esticando o calcanhar. Mantenha todo o corpo alinhado no mesmo plano, de modo que não haja rotação.

❸ Inspire e chute para a frente com a perna de cima estendida, dorsiflexionando o tornozelo e tentando não mover a cintura.

GUIA DO EXERCÍCIO

ALVO
- Músculos abdutores do quadril
- Músculos abdominais

NÃO ACONSELHÁVEL EM CASO DE
- Problemas no punho
- Dor intensa nas costas
- Problemas no ombro
- Dor ao levantar peso acima da altura do ombro

Glúteo médio*

Glúteo máximo

Vasto lateral

Semitendíneo

Bíceps femoral

Semimembranáceo

4 Expire e leve a perna para trás, com os dedos dos pés em ponta (plantiflexão do tornozelo), mantendo a perna na altura do quadril.

5 Repita a sequência dez vezes de cada lado.

Sartório

Tensor da fáscia lata

Oblíquo externo

Oblíquo interno*

Pectíneo

Vasto lateral

Grácil

Reto do abdome

Transverso do abdome*

Reto femoral

Ilíaco*

Iliopsoas*

Vasto medial

Adutor longo

NOTA

O texto em negrito indica músculos ativos

O texto em cinza indica músculos estabilizadores

* indica músculos profundos

CONTROL BALANCE (EQUILÍBRIO COM CONTROLE)

AVANÇADO

Este é outro exercício abrangente, voltado para os principais músculos da parte inferior do corpo. O *Control balance* exemplifica vários princípios fundamentais do pilates. Como em muitos outros exercícios, você deve distribuir o peso de maneira uniforme, de modo a evitar exercer pressão sobre o pescoço e a coluna vertebral.

FOCO MUSCULAR

- Glúteo máximo
- Glúteo médio
- Transverso do abdome
- Reto do abdome
- Oblíquo externo
- Oblíquo interno
- Tensor da fáscia lata
- Reto femoral
- Ilíaco
- Iliopsoas
- Vasto lateral
- Vasto medial
- Sartório

NOTA
O texto em negrito indica músculos ativos
O texto em cinza indica músculos estabilizadores
* indica músculos profundos

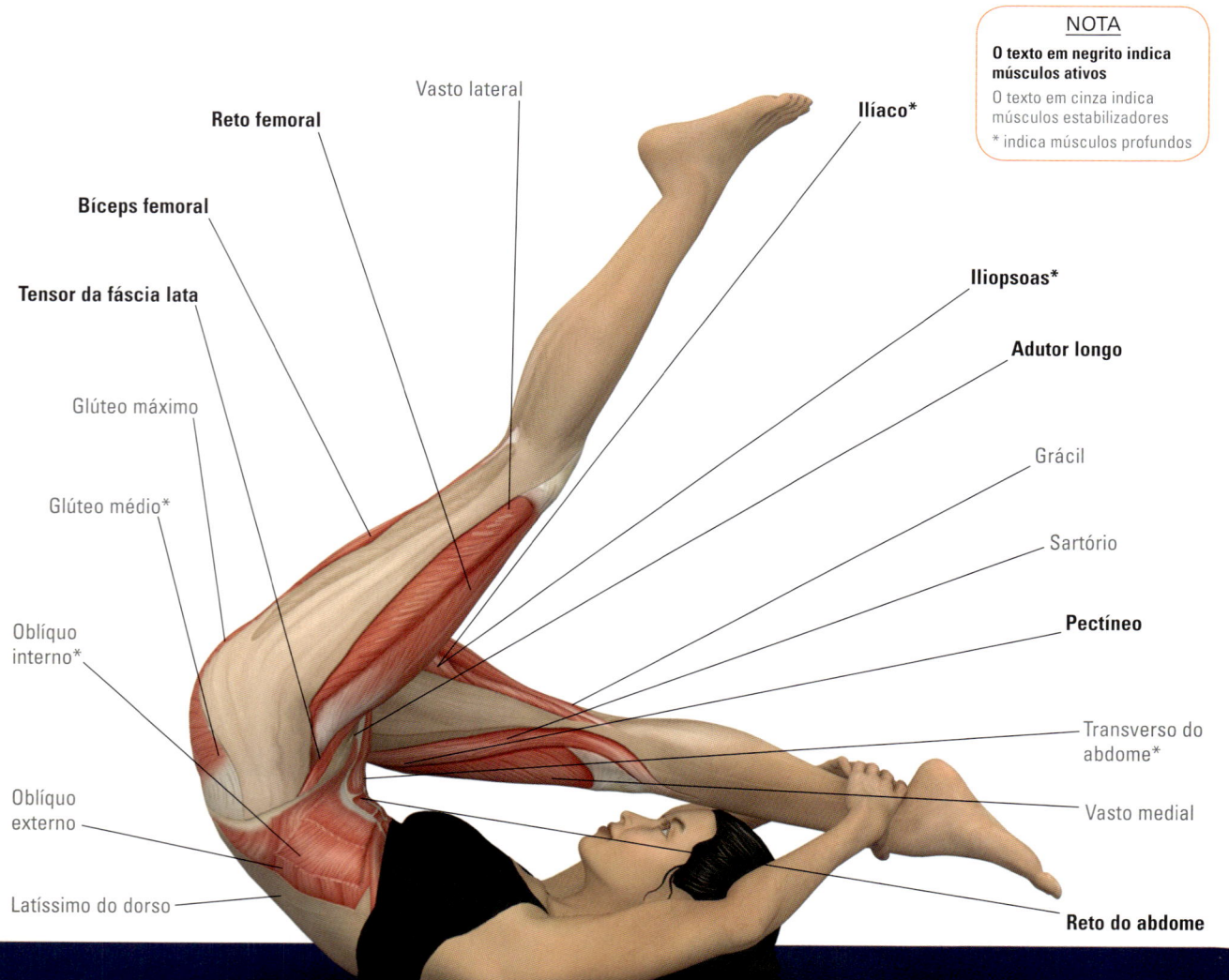

Reto femoral

Vasto lateral

Ilíaco*

Bíceps femoral

Iliopsoas*

Tensor da fáscia lata

Adutor longo

Glúteo máximo

Grácil

Glúteo médio*

Sartório

Oblíquo interno*

Pectíneo

Transverso do abdome*

Oblíquo externo

Vasto medial

Latíssimo do dorso

Reto do abdome

1 Posicione-se em decúbito dorsal com os braços para baixo ao lado do corpo, as palmas das mãos voltadas para baixo e as pernas na primeira posição do pilates.

2 Inspire para se preparar. Expire e levante as pernas com as partes internas das coxas contraídas e os calcanhares unidos. Inspire e mantenha a posição.

3 Expire, pressione os braços no solo e, apoiando-se nos ombros, levante os quadris e leve as pernas para cima.

4 Contraia os glúteos e tracione o umbigo em direção à coluna para ajudar a manter os quadris elevados.

GUIA DO EXERCÍCIO

ALVO
- Músculos glúteos
- Músculos abdominais
- Músculos da coxa

BENEFÍCIOS
- Treina o controle e o equilíbrio

NÃO ACONSELHÁVEL EM CASO DE
- Problemas cervicais

5 Inspire e abaixe uma perna em direção à cabeça.

6 Segure o calcanhar da perna de baixo com as duas mãos e, ao mesmo tempo, eleve ainda mais a outra perna no ar.

7 Puxe o calcanhar para baixo em uma expiração em dois tempos.

8 Troque de pernas e bombeie duas vezes.

9 Repita a sequência seis vezes em cada perna.

FAÇA CORRETAMENTE

PROCURE
- Manter os quadris elevados durante todo o exercício.
- Manter os ombros para baixo, longe das orelhas.

EVITE
- Colocar peso sobre o pescoço – se for difícil fazer o movimento de deglutir, é porque há muita pressão.

THE STAR (ESTRELA)

AVANÇADO

Realizar o ambicioso exercício *The star* visa trabalhar as partes superior e inferior do corpo, e demonstra um domínio das técnicas do pilates. Dê espaço para que os músculos de todos os membros se alonguem e mantenha o equilíbrio eliminando o movimento dos ombros e do restante do corpo.

FOCO MUSCULAR

- Transverso do abdome
- Reto do abdome
- Oblíquo interno
- Oblíquo externo
- Vasto lateral
- Vasto medial
- Reto femoral
- Sartório
- Tríceps braquial
- Deltoide

GUIA DO EXERCÍCIO

ALVO
- Músculos abdominais
- Músculos da coxa

BENEFÍCIOS
- Fortalece a parte superior do corpo

NÃO ACONSELHÁVEL EM CASO DE
- Problemas no punho
- Dor no pescoço

❶ Sente-se de lado e impulsione-se sobre o braço de baixo estendido, com os dedos voltados para fora.

❷ Flexione os joelhos e mantenha os tornozelos próximos um do outro, colocando o pé da perna de cima na frente (você deve estar sentado na posição do exercício *The mermaid*).

❸ Inspire, pressione o braço de apoio contra o solo e suba para a posição de prancha lateral.

❹ Estenda as pernas e levante os quadris, levando o braço livre em direção ao teto, mantendo o braço de baixo forte e estável.

❺ Expire e pressione a borda da planta do pé de baixo no solo conforme levanta a perna livre acima do nível do quadril.

❻ Inspire e chute com a perna de cima para a frente.

❼ Dorsiflexione o tornozelo e tente tocar os dedos dos pés com o braço de cima, sem flexionar a cintura.

❽ Expire e chute para trás com o pé em ponta (tornozelo em plantiflexão).

❾ Contraia os glúteos e não arqueie as costas enquanto leva o braço de cima em direção ao teto. Repita a sequência três a quatro vezes de cada lado.

FAÇA CORRETAMENTE

PROCURE

- Levantar bem os quadris para aliviar o peso da parte superior do corpo.
- Manter os ombros estáveis, pressionando o úmero para fora da cavidade glenoidal e fazendo pressão sobre o solo.
- Tentar manter mínimo o movimento do corpo enquanto exercita o braço e a perna.
- Colocar a pressão nos dedos se o punho começar a doer pela pressão.

EVITE

- Deixar que o peso corporal faça com que o punho e o ombro cedam.
- Lançar-se para a frente com o movimento. Mantenha o braço diretamente ao lado da orelha ao movimentar a perna para a frente.

NOTA

O texto em negrito indica músculos ativos

O texto em cinza indica músculos estabilizadores

* indica músculos profundos

Glúteo médio*

Glúteo máximo

Vasto lateral

Semitendíneo

Bíceps femoral

Semimembranáceo

Redondo maior

Serrátil anterior

Oblíquo interno*

Oblíquo externo

Reto do abdome

Tríceps braquial

Braquiorradial

Braquial

Deltoide

Iliopsoas*

Ilíaco*

Bíceps braquial

Vasto lateral

Sartório

Reto femoral

Vasto medial

Adutor longo

Grácil

Transverso do abdome*

EXEMPLOS DE SEQUÊNCIAS DE NÍVEL AVANÇADO

AVANÇADO

Estas duas sequências de exercícios incorporam todos os princípios da seção iniciante e as técnicas aprendidas na seção intermediária em uma série de treino avançada. As sequências avançadas devem ser realizadas somente depois de se ter dominado as duas primeiras seções, a fim de garantir a segurança, a precisão e o fluxo. As sequências selecionadas fornecem um treino ideal, que o desafia a dominar todos os seis princípios do pilates listados no início deste livro. Estas duas sequências exigem que você controle o *core* e testam sua capacidade de acionar os músculos apropriados e se mover dinamicamente usando esses músculos

CONTROLANDO O *CORE* I

Short plank

Leg pull-down

Push-up

Oblique roll-down

Open-leg rocker

Jackknife

Corkscrew

Hip twist

Bridge III

Side bend II

Side leg lift

Kneeling side kick I

Teaser II

Double-leg kick

Child's pose

Alongamentos

Seal with foot clap

Piriformis stretch

Hamstring stretch

Quadriceps stretch

ITB stretch

específicos durante todo o movimento. Estas sequências de exercícios são consideradas avançadas porque é necessária uma grande quantidade de controle e precisão para realizá-las corretamente. Se você estiver enfrentando qualquer dificuldade ou desconforto em alguma destas sequências, reserve um tempo para se aquecer com alguns dos exercícios intermediários antes de tentar uma sequência de nível avançado. Realizar os alongamentos no final de cada rotina de exercícios não só irá possibilitar que o corpo se resfrie, mas também irá esticar e alongar os grupos musculares importantes.

CONTROLANDO O *CORE* II

Open-leg rocker	*Teaser II*	*Jackknife*	*Control balance*	*Corkscrew*
Side kick III	*Side leg lift*	*Kneeling side kick I*	*Side bend II*	*Hip twist*
The star	*Kneeling side kick II*	*Short plank*	*Leg pull-down*	*Seal with foot clap*

Alongamentos

Side-bend stretch	*Spine stretch*	*Lumbar stretch*	*Child's pose*

CRÉDITOS E AGRADECIMENTOS

Fotografias de Jonathan Conklin/Jonathan Conklin Photography

Ilustrações do pôster de Linda Bucklin/Shutterstock

Modelo: Monica Ordonez

Ilustrações de Hector Aiza/3D Labz Animation India,
exceto as das páginas 18, 20, 22, 23, 24, 25, 26, 29, 30, 41, 47, 61, 70, 79,
93, 99, 101, 105, 109, 112, 115, 121, 129, 131, 133, 135, 137, 139, 143, 147,
149, 151, 153, 157, feitas por Linda Bucklin/Shutterstock

AGRADECIMENTOS

Gostaria de agradecer a todos que me ajudaram a preparar este livro:
meu marido, Tom, por ser paciente nos finais de semana, e meus
clientes que diligentemente testaram comigo os exercícios. Seu trabalho
árduo e dedicação fizeram com que a criação deste livro fosse um prazer.
Espero que gostem dele tanto quanto eu gostei de reunir os materiais.

A autora e o editor agradecem àqueles intimamente envolvidos na
elaboração deste livro: Sean Moore, presidente da Moseley Road; Amy
Pierce, editora/designer; Brian MacMullen, diretor de arte; Lisa Purcell,
diretora editorial/designer; e Jon Derengowski, editor assistente.